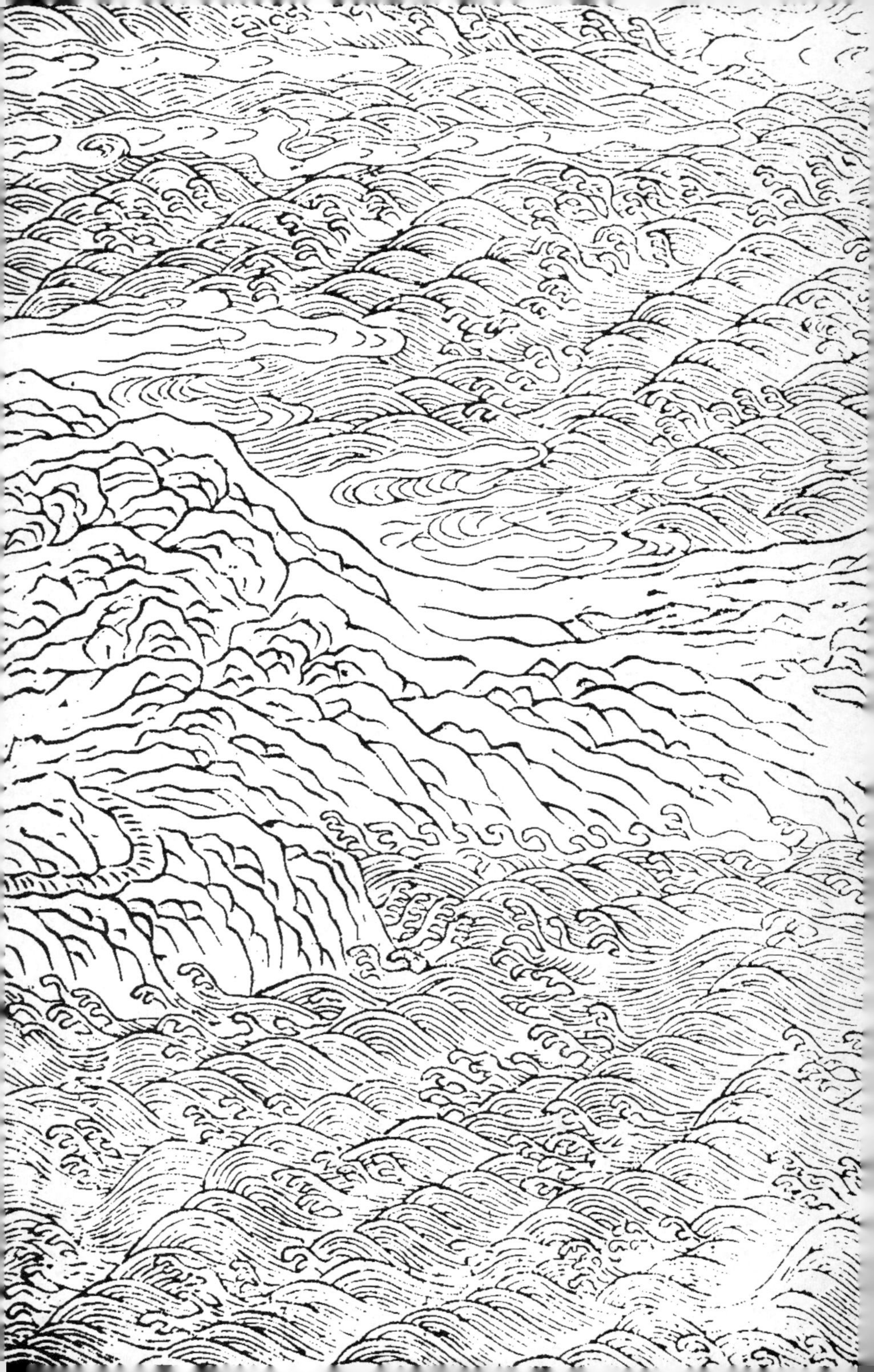

自序

我的《史记》文章结集后,立品图书的黄总读罢书稿,下了四个字的评语,曰,"心旷神怡"。

身为作者,我以为,此评极好。

这几年来,大陆的国学热方兴未艾。有人认为,如此热潮,乃源于现实的需求。这样的说法,不无道理。可是,据我这些年往返两岸的所见所闻,我很清楚,国学热的后头,还另有一股许多人感觉得到却未必充分意识的力道。此力道,甚大,甚强,且后劲十足;此力道,若用传统的话语来说,大概,就是"历史的气运"吧!

这股"历史的气运",显然,已将中国带进一个转折点。一方面,中国已彻底走出贫弱,也开始百年未曾有的自信。可另一方面,当中国人有了自信之后,对于自己到底是谁,或者说,对于中国人真正的文化身份,却仍存有一丝迷惘。这样的迷惘令许多人的内心深处都有一种无家可归的漂泊感,一种无以名状的浮躁与不安。

这样的"历史气运",说穿了,就是当下的中国人不愿意再迷惘,于是,便有一股强大的力道,想开始转折,想开始告别自我否定与自我掏空,更想开始借由文化的肯定与珍重来找回自己。换句话说,国学热最根柢的理由,只不过是中国人一股脑儿地、满心热切地想看清楚自己想找回魂魄罢了!

就这样,国学热一路延烧,其势辽辽,至今未央。值此之际,却有个极简单也极根本的问题,那是:到底该读些什么?又该找回些什么?关于此,近年来众说纷纭,莫衷一是。事实上,不论是儒释道的哪一家,抑或是琴棋书画、小说戏曲的哪一种,但凡深造其中,优游既久,都可以从中受益,亦可以循之而走上"回家之路"。其中,我推荐《史记》。

《史记》写人为主,此其殊胜也。既然写人,就具体,就比儒释道三家以说理为主的经典更易于亲近。中国人一向不喜抽象思考,总愿意以事显体、以色显空。中国人喜欢在具体的人事物中有所感、有所悟,再进而契入大道。因此,中国人著史、读史、说史,皆天下第一，皆世界各民族所不能及也。

在浩瀚的史书中，《史记》当然是出乎其类、拔乎其萃。首先，太史公笔下如有神助，一经勾勒，人物的魂魄，便呼之欲出。其次，太史公视野闳阔，看人有纵深，写人有层次，越是细读，就越读之不尽。最后，《史记》记的是两千多年以前的中国古人，通常，古人越古，越有元气；古人越古，也越有看头。《史记》中的汉人，最有神采，也最接近我们今天亟欲找回的中国人那该有的典型。

我读《史记》，看那群古汉人的模样，观其胸襟，察其气度，不禁，就要欣羡向往！别的不说，单单刘邦那一帮人，总让我在反复咀嚼之际，忽然就神清气爽了起来。譬如，我刚刚读了《张丞相列传》，里头有个周昌。依今日看来，周昌似乎名气不大，也不算显要，可是，他却是个极有神采的人。周昌为人刚正，有原则，"敢直言"，即使相国萧何、曹参，也不敢与之相抗。有一回，刘邦在内宫闲居，周昌不待通禀，直接就入宫奏事。一进宫，但见刘邦搂着戚姬，正半点儿都不正经。周昌一脸不悦，二话不说，掉头就走。刘邦一看，急急追出，一跃，就直接骑到周昌脖子上，涎皮赖脸地问道，"我何如主也？"周昌仰着头，毫不给刘邦面子，恶狠狠地言道，"陛下即桀、纣之主也。"刘邦听闻，哈哈大笑,可从此,也更加畏惮周昌。

不久,刘邦欲废太子,改立戚姬之子如意。众大臣极力劝谏,却几乎无效。这时,但见平日有口吃毛病的周昌,在盛怒之下,激动言道:"臣口不能言,然臣期期知其不可;陛下虽欲废太子,臣期期不奉诏。"(期,必也;期期,因激动而口吃,故多说了一个期字。)刘邦看着慷慨激昂的周昌,心中一凛;可听他满口"期期",又忍俊不禁,遂"欣然而笑",事情也于是作罢。

我喜欢这样的故事,也喜欢这样的人儿。我读《史记》中这一帮"汉人",常常如黄总所言,"心旷神怡"呀!不论是无赖如刘邦,抑或是刚正如周昌,他们都明亮爽快,也俱有风光。我喜欢这样的明亮爽快,也喜欢这样的风光。我读《史记》中的"汉人",总觉得,这真是中国人最该有的模样!

台湾地区版自序

那回,我在台北书院上课,有学员提问,读《史记》与个人的安身立命,到底有什么干系?

提问者,是位中年男子,近年来,遇到了人生的大困顿;很长的一段时间,心头都解不开。后来,他在台湾《中国时报》读了我谈《史记》的文章,颇有触动;暑日去了趟池上,恰好,又在大坡池与我不期而遇。不久,我开了课。每一回,他总极早就到;每一次,他总扣着最真切处发问。我喜欢这样的真切。

这样的真切,现代人渐渐离得远了。这些年来,许多人都找不到着力点;日子过得并不舒坦,也有点沉重,却又有些说不出的飘浮感。一如每天,他们可能低着头,滑着手机,看似忙碌;也可能翻着书,写着稿子,看似用功;但用功忙碌之余,总仍有种难以形容的不对劲。这不对劲,他们有时也察觉得到,可是,未必能挣脱得了。信息社会将铺天盖地的讯息,淹没了他们;即使是所谓学问、所谓文化,常常也只是阻隔了他们。结果,他们慢慢失去了对人对事对天地万物该有的真切感。因不真切,故而飘浮。因不真切,故而他们无力挣脱。

只有真切,生命才有风光,也才能够翻转。《史记》不只是一本史书,更是一本极真切的生命之书。我写《史记》,希望能写出一种风光,也能写出一种真切。

二〇一四年元月三日,
薛仁明于台东池上,是时山坡上梅花盛开

目 录

第一辑　天人之际 001

消散迷失已久的魂魄，久违了！——我读《史记》003
天人之际 009
进可成事，退不受困 014
"烹太公"与"踹小儿" 021
魂魄犹乐思沛 028
读书人读刘邦 031
"拼爹"与"靠爸" 037
不过一败 040
多谈意思，少说意义 044
项羽杀人 051
从咸阳大屠杀到新朝气象 057
天清地旷 066

第二辑　汉家气象 071

长者 073

闲人 079

绰绰然，有余地 085

一棒打响历史 092

其犹龙耶？ 097

韩信的姿态 104

韩信之死 111

陈平厉害在哪？ 125

为君难，为臣不易——刘邦与萧何 131

"萧规曹随"之外的曹参 138

有此风光，便能成事 144

屠狗樊哙 151

今暴得大名，不祥 157

其人如天 163

离去的身影 168

太史公与孔子觌面相逢 173

古大臣之风 182

办事员 187

守成者 196

让《史记》汇入生命之河 203

第一辑 天人之际

消散迷失已久的魂魄,久违了!
——我读《史记》

历代写史,公推二司马为最。其中,司马光写《资治通鉴》,大手笔。可惜,他是个儒者,生性严肃,还有些执拗,而且,又过度紧盯着"资治"之用,因此,全书写得严严实实,简直是密不通风。较诸《史记》,《资治通鉴》虽有所长,却少了些游于虚实之生气,更不易见那吞吐开阖的大气。

能吞吐开阖,方可大气。当年,因李陵之祸,司马迁受了莫大的屈辱,可是,后来他写《史记》,偏偏却跌宕多姿,妙趣横生。如此不为苦难所困,也不留下任何阴影,反倒更能吞吐,更为大气,这就非常了不起。司马迁能将所有的磨难尽化成生命之阴阳回荡,《史记》这本领,是中国史书第一。

《史记》的荡气回肠,处处可见,我尤其喜欢司马迁笔下的刘邦。在《高祖本纪》里，太史公写刘邦击黥布后，途经沛县，"留置酒沛宫"，招旧识父老子弟，放怀纵酒。当酒已沉酣，刘邦击筑，自为歌诗，曰，"大风起兮云飞扬，威加海内兮归故乡，安得猛士兮守四方"。

这首歌，极好；朱熹曾誉之，"壮丽而奇伟"。可是，司马光编《资治通鉴》时，从刘邦置酒沛宫一路写起，"悉招故人、父老、诸母、子弟佐酒，道旧故、为笑乐。酒酣，上自为歌"，到了这儿，偏偏就不将此歌辑入。盖不收此歌，其实无碍于叙事之完整，更无损于"资治"之用。或许，在司马光眼里，收进就多余了。但是，太史公不仅写入书里，还成了文章的一大亮点；在《史记》全书中，更时时可见诸如此类无关叙事完整，也貌似无用之闲笔。这些闲笔，看来无甚紧要，却可让文章顿时摇曳生姿。有此风姿，后人遂可读之不倦。这样地看似无用，其实最可沁人心脾，这正是庄子所说的"无用之用，大用矣"。正因如此闲笔，太史公笔下的历史，不仅有了温度，更有着光阴的徘徊；也正因有此闲笔，不仅闻听得到这些人物的言语謦欬，更可触及那生命的魂魄深处。

《史记》在"大风歌"之后，接着又写高祖起身而舞，"慷慨伤怀，泣数行下"；对着沛县父老，刘邦言道,"游子悲故乡,吾虽都关中,万岁后,吾魂魄犹乐思沛"。这四句话,说得动人;尤其在刘邦自知余日无多之际(半年后,高祖崩),格外显得情真意切。刘邦最大的本领,是与世人无隔;他是个迥异于常人的天才,可偏偏却最能与常人相知相悦。因此相知相悦,故他可成就大事,故可打得下亮亮煌煌的汉家天下。《汉书》说他,"自监门、戍卒,见之如旧",这是王者吞吐开阖的能耐。既然连"监门、戍卒",都可"见之如旧",更何况家乡的父老?于是,刘邦面对满城故旧,不禁脱口说出"吾虽都关中,万岁后,吾魂魄犹乐思沛"这百感交集的话语。然而,《资治通鉴》写到这儿,独独只留了"游子悲故乡"一句,后头的三句,尽管感怀更深,可司马光大笔一划,直接就删掉了。

更可惜的是,刘邦与故人叙往事、思来日,悲欣交集,痛饮十数日,最后,欲去,沛县父兄不舍,苦苦相留。相留未果,准备启程长安,结果,一出城,沛县全城皆空;满城老小,全到城外送行,献牛的献牛,献酒的献酒,刘邦不禁动容,遂"复留止,张饮三日"。这一段,《史记》写得满纸人情,简直是"氤氲四溢",可是,《资治通鉴》却只字不提。

《高祖本纪》细细描绘了刘邦归返故里的欢欣与怆然,正如《项羽本纪》详述着项王垓下受围的慷慨与悲歌，写的，都是传主的魂魄。《史记》写事，更写人；《史记》写人，更写魂魄。那时，项王受围，英雄末路之际，不胜悲怆，自为诗曰，"力拔山兮气盖世，时不利兮骓不逝，骓不逝兮可奈何，虞兮虞兮奈若何"，如是，"歌数阕，美人和之"。这一段，《史记》写得勾魂摄魄，千载后，读之仍不免心惊；今人纵使不读《史记》，单单看京剧《霸王别姬》项王与虞姬悲歌那幕，都还要不胜唏嘘的。然而，《资治通鉴》写到这儿，不仅将项王之诗给删除，索性，连虞姬提都不提了。

《资治通鉴》不写这些，当然是司马光的严正。儒者的严正，本是件好事；《论语》里头，孔子何等严正！有此严正，才有百世不易之大根大本。可是，当严正一旦过头，以至于无法呼吸，无法开阖吞吐，那么，就不免沦为拘泥闭锁了。宋以后的儒者，拘闭者日多；他们个个是正人君子，眼里只有尧舜禹汤文武周公，于是，英雄美人之事，多半不屑一顾。他们只知实、不知虚，只知有、不知无。《史记》写刘邦、项羽的慷慨悲歌，正如旧小说大量穿插的诗词，看似无关紧要，可却是真实生命的呼吸与吞吐。有此呼吸吞吐，才有中国文明所说的虚实相生。

这些儒者，昧于虚实；因此，在正邪之间，便经常迂执不化。他们只相信"正能克邪"，却无法对世间的贤愚不肖有着相知与相悦。他们凡事太过认真，爱憎又极度分明，结果，在"大是大非"的幌子下，比谁都"爱之欲其生，恶之欲其死"。正因如此氛围，北宋才有那惨烈的新旧党争。在新旧党争中，司马光之所以会那般荒腔走板，不正因拘执太甚吗？而北宋之所以亡于党争，不也正因儒者的开阖吞吐出了问题吗？

宋以后，理学大盛；到了清代，朴学又起。由宋至清，但见儒生越来越正经，学问也越做越严谨。到了后来，他们是连一个词、一个字也毫不放过，半点都不得含糊。他们凡事较真，凡书也必要考证出究竟之真伪。他们整天忙着纠正别人枝枝节节的错误。这样地严谨认真，看似好事，可实际上，却只见一个个日形拘闭；从此，儒者开阖吞吐的能力更衰，气象与格局也更为萎缩。如此拘闭，到了民国，并无改善；在现代学院里，反更变本加厉。学院中的读书人，竟日埋首于所谓的学术论文，不论格式、脚注、研究方法、问题意识，缺一不可，严谨得不得了。可写这些极度规范的所谓论文，通常也就三五之人勉强读之，除了为稻粱谋，除了不得不然之外，还有多少人谈气象格局？又还有多少人关心吞吐开阖？

二十六年前，因为司马迁"通古今之变，究天人之际，成一家之言"这三句话，我进了历史系。可才到台大，系里就开始教我们读论文、写论文。读来读去，但见一篇篇号称客观的分析，却感觉不到一点点历史的温度；只看到一桩桩貌似严谨的论述，却碰不着一丝丝人物的魂魄。每次读完论文，脑袋填塞得紧，心里则空虚得很；毕竟，那没温度，也没魂魄。现代学院毫无生命实感的学术论文的大行其道，与现代社会完全无法遏止的躁郁狂症的大肆流行，其实，是同一回事。他们，都失去了魂魄。所幸，后来我脱离了学院，开始无所为而为地读着《史记》，慢慢见识到太史公在叙事描形之际，以事显体，由形入神，这时，我读到的，不仅是中国文明原有的精神，更是自己年少以来消散迷失已久的魂与魄。唉，久违了！

天人之际

当年,决定念历史系,是受了司马迁的影响。

因程度不好,又不认真,高中时读司马迁的《报任安书》,其实懵懂,压根读不出此文的千回与百转。但他那三句话,"究天人之际,通古今之变,成一家之言",却让年少的我,憧憬满怀。后来,我果然读了台大历史系;但念了四年,却完全不知如何"究天人之际"。一方面,固然是我没用心读《史记》;二方面,也是学院那种科学实证、主客对立的学术体制,根本与"天人之际"无缘。

所幸,大学毕业后,我就脱离了这学术体制,不再读那二元对立、毫无生命情性的干枯论文。后来,慢慢丢掉了包袱,像个小学生,学会虚心、学会诚恳,不带成见地重新与中国的学问素面相见,一点一滴,沁入魂魄深处。这时，我再读《史记》，读着读着，终于恍然明白何谓"天人之际"。

中国有句老话，"文章本天成，妙手偶得之"；文章也好，书法、音乐也罢，只要是绝佳之作，好极，妙极，一旦达到了绝对，那都是高手假借了上天之力，在神志清明之时（譬如王维写《辛夷坞》），抑或恍然有思之际（譬如王羲之的《兰亭集序》），刹那间，间不容发，遂偶然得之！人有限，天无限；以有限之人力，创造了圆满自足、无可增减的无限作品，此之谓"天幸"！这些高手，在邀天之幸的当下，恰恰就立于"天人之际"。

比起文章，更不容易也更邀天之幸的，是打天下。譬如刘邦。刘邦在恍然有思之际，提三尺之剑，斩当径之蛇；起义后，虽处险绝，总仍神志清明，应机决断，终究化险为夷、绝处逢生，开创了四百年的大汉江山；至今，我们自称"汉人"，说着"汉语"，写着"汉字"，遗泽两千余年呀！《史记》写这样的王者，正是高手写高手；认真说来，那是"究天人之际"的司马迁谈着"立于天人之际"的刘邦，棋逢敌手，精彩呀！

一开始，先写刘邦的敌手。世人多以成败论英雄，但司马迁游于天人，当然另具只眼。他既不成王，亦不败寇。他为失败者项羽立传，且立传于本纪。不仅如此,他还让项羽的英雄形象,远远压倒刘邦,而且,绵亘千古。英雄气所及,即使项羽身旁的美人虞姬,一侧的骏马乌骓,至今都仍历历鲜明。项王虽兵败自刎,但那慷慨激烈、豪气干云,不仅让敌手刘邦为其发哀、泣之而去,即使千载后人,读之,都不免要悲歌数阕的。

接着,司马迁写刘邦。刘邦不是英雄,因此,他不会英雄气短。他屡战屡败,败了,既不慷慨,也不悲歌;他败了,再狼狈、再不堪,也不过,就是一败。他从小无甚"出息",也少受"称许",老爸数落他,萧何取笑他,岳母也瞧不起他;他不是人中豪杰,也不是俊彦之人,他一向鲜被认可,因他所立之处,乃"天人之际"。他虽"仁而爱人",同时却又好狎侮人;他入关中,尽得人心,关中父老,人人"唯恐沛公不为秦王",然而,但凡人情所不能舍者,他又是其人如天,尽可一路抛却。刘邦是,兵败,父母妻子皆可弃。

人有限,天无限;无限就不好说,更不好理解。正因如此,在司马迁的笔下,刘邦的形象,既复杂,又令人疑惑。世人读之,或不屑,或憎恶,或诧异,或歆羡,或佩服得五体投地,就端看读者自身。有极度佩服者,譬如石勒。石勒曾经为奴,日后却奄有江山半壁;不识字,但一听闻郦食其大封六国后代的馊主意,就替刘邦着急；随后，又闻听张良劝阻，沛公也幡然改正，他不禁又拊掌称好。这么个石勒，不直曹操、不直司马懿，觉得欺人孤寡，终究不够磊落；他看刘秀还行，声称若彼此相遇，"当并驱于中原，未知鹿死谁手"；独独刘邦，他死心塌地地服气，"若逢高皇，当北面而事之，与韩（信）彭（越）竞鞭而争先耳。"

像石勒这样的拥趸，数目不多，但是，分量极重。司马迁写高祖本纪，似乎也无意让刘邦的拥趸过多。反正，深者见其深，浅者识其浅，各得其解罢了。他自己的《史记》，不也如此？否则，何以言"天人之际"？又何必自称"藏之名山"？两千年来，儒生总嫌司马迁对各色人等（诸如刺客、游侠、商贾）爱广喜泛，不及班固这等纯儒来得雅正。别人如何理解，司马迁恐怕不甚在意；若是刘邦，则压根从不关心。刘邦这人，爱更广、喜更泛，平日他好酒，也好色，心血来潮，还用竹皮制冠，名曰"刘氏冠"；不过，刘邦最喜欢的，则是到处狎侮人，尤其遇见了道貌岸然、自以为是的儒生，更是调皮到不行，"辄解其冠，溲溺其中"。呵呵！这群不知"天人之际"为何物的迂儒，只好满脸怒容、一身委屈，转过头去，心头不免一声嘀咕："这无赖！"

生前死后，刘邦总被骂"无赖"；前前后后，也整整骂两千余年了。这骂，肯定有道理。但是，再怎骂，又再怎么有理，那堂堂四百年的汉家岁月，单单留下些陶器，都已让成日呵斥传统文化的鲁迅看了仍不禁要赞叹那时代的质朴与大气。这样的质朴与大气，说穿了，是源于那时的人儿离天近，都还有种浑然天成。我们眼下这时代，则是离天远了；质朴与大气的人儿，确实也不多了。我在怅然之余，常想起年轻时对司马迁"天人之际"的憧憬，不时，还会想起了"无赖"刘邦。

进可成事，退不受困

一

今年九月十四日，我在台北书院开讲《史记》，第一讲，讲《高祖本纪》。隔天，又转去鹿港的"鹿耕讲堂"谈《论语》；谈着谈着，也提起了刘邦。后来，到了提问时间，针对这点，有位女士略带嫌恶、颇不以为然地质疑我："你似乎对刘邦很有好感？"

嘿嘿！的确如此。

这样的好感，证据之一，就在于我家的小儿薛朴。薛朴今年八岁，这两年多来，天天背书，当他反复背完《论语》《唐诗三百首》之后，我想了想，再下来，要背啥？后来，我对他说，背背《高祖本纪》吧！《高祖本纪》全文一万多字，不仅长，也不好背，结果，薛朴从头到尾,还是结结实实地背了两遍。

为什么要背《高祖本纪》?一方面,当然是太史公的文章了得,不仅形神兼备,还更勾魂摄魄;如此汪洋闳肆又有血有肉的大块文章,背了,肯定有益。再者,更要紧的是,薛朴虽说可爱,也很有喜气,可却常常在枝微末节上斤斤计较,显得小气。让他读读刘邦,看看别人是怎么豁达,又怎么大气,或许,会有点见贤思齐之效吧!

真要说豁达大气,其实,从古至今,民间一直都有这样的人,刘邦只不过更彻底罢了!我读《史记》,常讶异司马迁笔下的刘邦,其神情、其举止、其说话的气口,怎么和我南部老家茄萣的讨海人如此相似?换言之,两千多年来,不管是当初的沛县,或是而今的茄萣,民间之人的种种情性,其实,所变不多。自古以来,民间一直都有这样的豁达与大气,因此,他们凡事看得开,他们的韧性极顽强,每逢劫难,他们就渡得了灾,也解得了厄。正因民间如此情性,所以,中国文明一向以来,只有亡国家,没有亡天下。

中国的读书人,向来以天下为己任;可事实上,真正维系天下文明于不坠的,却往往是广大深阔的中国民间。正因如此,那天我在台北书院开宗明义说,除了儒释道三家,真要谈中国文化,还得加上民间的种种,才可庶几完整。这样的民间，刘邦可算代表。

民间素来活泼，鲜有执着，某些出边出沿的行径，其调皮，简直让道学君子看了只能摇头。那回，刘邦还是个泗水亭长，闻听沛县县令有重客，往贺，"绐为谒曰：'贺钱万'，实不持一钱"（在礼帖上写着一万钱，实际上却分文未持），如此"招摇撞骗"后，进了大堂，又"狎侮诸客"，大咧咧坐了上座，全然"无所讪（同屈）"，既不客气，也没不安，完完全全，就是神情自若。

这样的神情自若，从另一个角度看，当然状似无赖。然而，也正因状似无赖，后来的刘邦，才能在无数的杀伐征战中屡挫不折、屡败不亡。即使兵败如山倒，好几次逃命都逃到极狼狈、极不堪，可这灰头土脸的无赖，却能一下子转身，便又神情自若，像个无事之人。这种瞬间转化、瞬间解脱的本领，最极致的，恐怕还是那回：项羽"伏弩射中汉王，汉王伤胸"，就在间不容发的当下，汉王"乃扪足曰：'虏中吾指！'"（刘邦一被项羽暗伏的弩箭射中胸部，就紧握住脚，哎呀一声："项贼射中了我的脚趾！"）

这样的反应，凭良心讲，已近乎特异功能。除了"天才"这俗滥至极的词儿之外，恐怕，也找不到更恰当的字眼儿了。即使被箭射中，他都可以如此权谋；即使如此权谋，他也可以这么调皮好玩。啧啧！再要紧的事儿，再不堪的时刻，那凡事"无所诎"、随时都自在好玩的"无赖"之状，正是刘邦的天才丰姿。有这丰姿，刘邦的一生，进可成事，退不受困。

二

"鹿耕讲堂"之后，隔了三天，我又到台东县的一所小学，去给一群老师上课。类似的研习，在台湾现今的校园里，多被教师视为畏途；大家几乎都能避则避，能闪就闪，不然，就是消极以对。因为，研习大多无聊。无聊，其实是映现了台湾地区整体教育的空洞化。台湾二十年教改以来，因价值错乱（披着"多元"的外衣进行与自身文化基因大相悖离的"全盘美化"），又因迷信标准化与规格化，遂导致整体教育空洞无趣如井然有序却毫无个性的工业生产线。这样的空洞化，使得许多老师碌碌终日，忙着开会，忙着填数据，忙着做报表，貌似为了教育而孜孜努力，实则尽是些无益于教育，甚至是反教育的无聊事儿。到头来，尽是瞎忙。最后，老师越来越忙，学生反倒越来越差。可叹的是，在这近乎崩盘的当下，往往越认真的老师，就越容易坠入空洞化的深渊；越负责的教师，也越容易被环境逼迫得进退失据。这些好老师,一个个深怀理想、充满抱负,可是,最后的结果,却常常:进难成事,退总受困。

那天,我对这群老师明白地说,眼下台湾的教育环境,其实还没走到谷底;没有最差,只有更差。既然环境不断恶化,无聊的事儿更排山倒海而来,我们的时间与精力又何其有限,那么,为了不蹉跎在这无聊事儿,为了找到着力点,为了保存些元气,也为了让自己"进可成事,退不受困",首先,就必须摒弃许多好老师最大的"恶习":凡事全力以赴!

凡事全力以赴是"恶习"?

是的,做事认真,本是件美德,然而,在当下台湾的环境里,这样的美德,却极可能被彻底糟蹋掉。许多优秀的好老师,整天全力以赴,却像只无头的苍蝇,虚掷光阴于没啥意思也没啥意义的事儿,这样的认真,不仅断送掉了自己,其实也是整个社会最大的浪费!认真虽好,可若不知拣择,就必定要误人误己,也必定是桩不折不扣的"恶习"。

世间之事,真该全力以赴者,其实有限。一则吾生也有涯,事也无涯,以有涯追无涯,殆矣!二则事有轻重、有缓急,有值、有不值,遇事知所拣择,清楚该聚焦何处,本来,就是生命的一大功课。扣除那些真正要紧,也非做不可的事情之外,其余,本该"从轻发落"即可（说得难听，也说白了，就是敷衍马虎、应付了事）。至于某些不做无妨、做了反而有害之事，在允许的范围内，在不惹麻烦的前提下，甚至就该置若罔闻、假装忘记；承办人员若也心知肚明、不至于苦苦相催，那么，就大可干脆不做。如此一来，岂不皆大欢喜，功德无量？！

这样地敷衍了事，这样地假装忘记，对许多好老师而言，当然是件极困难的事。毕竟，他们从小循规蹈矩、认真负责惯了，一夕之间，真要如此"使坏"，又岂是容易？而且，对他们而言，最大的困难，还不仅仅在于这敷衍了事与假装忘记，更是在于"使坏"之后，又该如何没负担、无挂碍，甚至能一派轻松呢？

老实说，这问题确实棘手，任谁都很难帮得上忙。不过，我倒建议可以读读《史记》的《高祖本纪》。毕竟，刘邦"使坏"时，可真是毫无负担、全没挂碍呀！更重要的是，在秦末那样远比我们当代更不堪，也更进退两难的乱世里，刘邦的的确确做得到：进可成事（有谁比他成了更大的事），退不受困（又有谁比他更不容易受困）。换句话说，他那种凡事"无所诎"、随时都神情自若又调皮好玩的"无赖"之状，若换个角度看，若不急着嫌恶他，或许，就可以读出些讯息，就可以获得生命根柢的某些启发。

甚至，我还有个遐想：除了让老师读读《高祖本纪》之外，如果，进一步把这卷书也编进各级学校的教材，让我们的年轻一代，从小至大，反复读之，好好领略刘邦那样的豁达与大气，或许，现今走入死胡同的台湾教育，就可能再获生气，重新联系上民间一向就有的活泼与自在，那么，在这一波教育劫难之后，会不会因此渡灾解厄、峰回路转，又找到了真正的出口？

"烹太公"与"踹小儿"

这天,我上彭瀞仪的节目,谈《史记·高祖本纪》。节目开始前,瀞仪问道,待会儿可以聊聊"烹太公"这事吗?我反问她,要不要顺道也提提刘邦踹小孩?

在许多人眼里,刘邦这人不仅无赖,简直就坏透了。尤其这两事,算得上"铁证如山"。正因如此,上回我到"鹿耕讲堂",一聊起刘邦,座中便有听众强烈质疑了我。

话说,"鹿耕讲堂"是鹿港镇的系列人文讲座,颇具深度。鹿港虽已不复清代全盛时期的风华,可直至如今,依然文风鼎盛、人才辈出。"鹿耕讲堂"的主持人,就是个有心之人。这且不提。那回,我到鹿港的前一天,刚刚在台北书院开讲了《史记·高祖本纪》,因兴致颇高,便在"鹿耕讲堂"又提了刘邦。这时,我兀自讲得高兴,却没留心底下有位女士已然变脸变色;我越讲,她脸色就越沉得难看。结果,到了讨论时间,她终于忍不住以低沉而嫌恶的口吻问道,"你好像对刘邦很有好感?"

她的嫌恶,不单针对我,更是冲着刘邦。质言之,"恨乌及屋"罢了!她对刘邦的不满,当然事出有因;在讲座的现场,她就以鄙夷的神情提了刘邦最恶名昭彰的这桩事:"蹶两儿,欲弃之。"

当时,刘邦兵出关中,率五路的诸侯军,一举攻下了楚都彭城。正当大肆庆功、"置酒高会"时,项羽忽从齐地回击,以迅雷不及掩耳之势,攻入彭城,大破汉军,再一路追杀,最后,将刘邦严严实实地围了三匝。此刻,一阵猛烈的沙尘暴突然自西北而起,"折木发屋,扬沙石,窈冥昼晦",在这黑天暗地中,刘邦才侥幸地与数十骑逃遁而去。逃去的路上,刘邦折往沛县,打算"收家室而西";这同时,楚军也派兵往沛,欲取刘邦家人为质。到了沛县,汉王的家室,早已东奔西散,杳无踪迹;刘邦只好继续西逃,途中,恰恰遇到他的一双儿女,"乃载行"。结果,才走了一段,忽闻楚骑追来,刘邦一急,便"推堕孝惠、鲁元(后来的鲁元长公主)车下"。太仆(王者的驾车官)夏侯婴一看,急忙下车,"收载之"。于是,刘邦提脚再"蹶两儿,欲弃之"，夏侯婴不忍，只好再急急停车。"收载"之后，刘邦又踹，夏侯婴则又停；"如是者三"。

就这么三回，刘邦当然要恶名昭彰。于是，后代便不断有人骂他"无情"，更说他"天性残忍"。如此唾弃之声，两千年来，不绝于耳呀！因此，"鹿耕讲堂"这女士的深恶痛绝，不仅合情，似乎也极为合理。

不过，面对类似的责骂，那无赖刘邦，可是一点儿都不在意。换言之，你骂了，其实也是白骂。反正，名声一向不好的他，压根就不关心这劳什子的名声不名声。所谓"人言可畏"，本来就与刘邦毫无干系。事实上，当年与他一块打天下的陈平，未起事前，也是"一县中尽笑其所为"；另外，还有一个叔孙通，名声更差，争议更多，甚至还有道貌岸然的儒生，当着面，直接就要叔孙通滚，免得玷污了自己。（"公往矣，无污我！"）

刘邦这帮人名声都不好，也都不受这些流言蜚语所困扰；谁爱骂，就骂呗！反正，他们也不管。但正因如此，到了关键时刻，他们常常就不受俗情所执，也不拘拘于一般的情理，反而有种异于寻常的豁脱与清楚。一般人遭谤受讥，总要咨嗟忧伤、气恼憔悴；一旦遭逢变故，更是五内沸然，仓皇莫知所以。可这时刻，但见刘邦一帮人冷冷静静地直面核心，该怎么着就怎么着，清清爽爽，明白得很；正因如此，他们可成大事。

那回，项羽因战况不利，一时心急，在慌乱之中，遂不择手段，扬言把刘太公给烹了。面对如此"人伦惨事"，换成你我，定要不知所措的。可是，那无赖刘邦既不挣扎，也没犹豫，更完全不担心骂名，只是不假思索，嬉皮笑脸地说道，"幸分我一杯羹"。这时，项羽身旁的项伯，倒是一语道破：像刘邦这种"为天下者，不顾家，虽杀之无益"。正因"杀之无益"，杀了不仅白杀，反更添祸（当年项羽就因烹了王陵之母，才让王陵横了心，彻底反项，从此死心塌地地追随刘邦）。于是，项羽无奈，也只好罢手。

事实上，凡事只要一挣扎、一犹豫，再好的心思、再良善的动机，多半，都会结了恶果、成了坏事。相反地，倘若不挣扎、不犹豫，看似没心没肺，最后，倒可能把人给救了。刘太公也幸亏有个常被他嫌弃、看来也不太孝顺、更貌似没啥心肝的无赖儿子刘邦，他的老命，不仅总算保住了，最后，还当了太上皇呢！

同样地，刘邦"蹶两儿，欲弃之"的举动，乍看之下，当然是蛮横残忍、无理至极，可是，若真仔细玩味，倒也有些意思。

首先，这样的举动，诚如项伯所言，本来就是"为天下者，不顾家"。作为王者，身系着天下安危；保住一己，与维护千万人的身家性命，乃一而二、二而一之事；顾全自身生命，看似自私，其实却是他的职责所在。当楚骑快追上时，刘邦若因顾念儿女，一彷徨、一犹豫，最后终究被执，其结果，必然全数被杀，无一幸免。况且，以项羽之暴虐冲动，更不知要株连多少无辜呢！（稍早，项羽败秦，先于新安坑秦卒二十余万，继而西屠咸阳；接着，击溃齐王田荣，又"皆坑田荣降卒，系虏其老弱妇女"，所残害者，其数难计呀！）

另一方面，刘邦虽说"残忍"，但这样"蹶两儿，欲弃之"，认真想来，却最能留得住一双儿女的小命。当时，他大脚一踹，除了保住自己之外，那孝惠与鲁元二人，若非夏侯婴死命"抢救"，必然要落入楚军手中。可是，楚军一旦取得了汉王家人，不管是早先的太公、吕后，抑或眼下的孝惠、鲁元，都是为了留置楚营，以为人质。刘邦当然清楚，楚兵不管再怎么胆大妄为，除非项羽首肯，否则，都不可能才一执之便径杀之。毕竟，那不仅失去了一大筹码，还会引来汉军的同仇敌忾，反倒助长对方士气，怎么说，都划不来呀！

对刘邦而言，当时急急逃命，若能带着一双儿女顺利脱险，自然最好。可是，若真不得已，的确也只能一脚踹开、先求自己活命了！至于那两条小命，如果真成了人质，就届时再伤脑筋吧！然而，刘邦又怎知，那忠心耿耿的夏侯婴，虽说是沛县故人，虽说自起兵之后始终一旁驾车、长相左右，可多年追随下来，真到这节骨眼儿，却完全搞不清楚状况！可恨这老实的夏侯婴，只因不舍，只因惊骇，两眼紧盯着那两个小儿，竟忘了速速载汉王脱险才是当下的唯一要务！结果，夏侯婴不仅一回回将孩子"收载之"，最后，还干脆让两个小儿紧紧抱住了他，死活都不让刘邦再踹了。就在这千钧一发之际，你说，刘邦该怎么办？

"行欲斩婴者十余"！

据《史记·樊郦滕灌列传》（"滕"是滕公，就是夏侯婴）所载，当此千钧一发之际，既急又恼的刘邦，眼睁睁看着楚兵行将追上，夏侯婴又一径地自顾"捣乱"，在这慌乱之中，他"行欲斩婴者十余"！老实说，在这十万火急之时，刘邦除了气恼地频频挥剑（这当然是装腔作势，否则，何必挥十几次呢？）、逼（外表是逼，其实是求呀！）那忠厚的夏侯婴快快放手之外，也几乎是无计可施了。毕竟，不管再怎么着急，再怎么恼怒，已然没辙的刘邦，总不能连这驾车的太仆夏侯婴也大脚一踹吧！

所幸，楚兵终究没有追上，刘邦也侥幸逃回了关中。不多久，刘邦在荥阳收拾残兵，重整旗鼓，击退了来犯的楚军；从此，项羽就再也无法逾此而西了。这时，刘邦喘息稍定，总算可松口气。等这么一回神，你猜，刘邦会怎么处置那"搞不清楚状况"的夏侯婴呢？

答案是，"赐婴食祈阳"。换句话说，刘邦把祈阳一地，赏赐给夏侯婴作为食邑。呵呵！这赏赐，可真不小哟！

魂魄犹乐思沛

有首歌,朱熹曾誉之,"自千载以来,人主之词,未有若是壮丽而奇伟者也"。

壮丽而奇伟,哪一首?

您猜着了吧?!

是的,那是汉高祖十一年,初秋,淮南王黥布反。黥布骁勇善战,是汉初三大异姓王之一;当韩信与彭越相继败亡后,黥布的起兵造反,算得上极紧要的一桩大事。刘邦不敢轻忽,遂硬撑着病体,率兵自击之。三个月后,黥布败走,刘邦松了口气,便令别将追之,自己则回师长安。途中,心想,时入冬日,沛县老家的庄稼劳作,都该告一段落了,这晌,顺道,就回趟沛县吧!

于是,他"留置酒沛宫(沛县的行宫),悉召故人父老子弟纵酒",酒既沉酣,刘邦一边击筑,一边唱歌，歌曰，"大风起兮云飞扬，威加海内兮归故乡，安得猛士兮守四方"。唱罢，又令身旁一百二十个小儿"和习之"。初冬的华北大地，北风一阵阵而来，当这一百二十人齐声高唱，在波涛般、浪也似的一片壮丽而奇伟的歌声中，刘邦起身而舞，载舞、载歌，"慷慨伤怀，泣数行下"，对着沛县的父老言道，"游子悲故乡，吾虽都关中，万岁后（去世之后），吾魂魄犹乐思沛"。

是的，即皇帝位后，这是刘邦头一回回到沛县。然而，这也必然是最后一回了。毕竟，原本就病笃疴沉的他，击黥布时，又"为流矢所中"；那伤有多重，他心里清楚。反正，不也都六十好几了吗？下次再来，确实也只能魂魄归来兮了。趁这回回师经过，到家乡探探父老、道道故旧，顺便，也看最后一眼，和大家告个别吧！将来，他肯定是无法埋葬故土了，但"万岁"之后，却必然"魂魄犹乐思沛"的。

就这样，刘邦与"沛父兄诸母故人，日乐饮极骥"，那叙不完的旧情，饮不尽的醇酒，今日欢乐复明日，恣谑笑语皆尽觞。然而，天下没不散之筵席，十数天后，终究得走了。可这一走，恋恋不舍的，又岂止高祖刘邦？沛县的父兄，一个个，尽皆苦苦相留。刘邦看着大家，笑一笑，摇着头，"吾人众多，父兄不能给"，再待下去，大家担负不起的，走吧！

留不住，走吧！这一走，沛县上下，全城皆空。整个沛县，扶老携幼，跟随着高祖，从西门而出，一路绵延，逶迤不绝。送了好长一段路，人累了，马也乏了，歇会儿吧！这时，沛县的父兄不得稍闲，但见他们前前后后、纷纷张罗着。于是，献牛的献牛，献酒的献酒；先是劝饮，继而劝留。高祖一看，心头叹息，怎么又这般劳费了呢？好吧！"复留止，张饮三日"，那就再搭帐设帷，痛痛快快喝他三天吧！

这三天，欢笑依旧，偶尔，也凄怆依然；在人声鼎沸中，有喜，有乐，有悲，有感。刘邦望着平野上满城老老少少一边言笑，一边张罗着吃食，"水涌云腾，氤氲四溢"；来日，他"魂魄犹乐思沛"，真正眷恋的，大概也就是这人世间的热闹与悲欢吧！他远眺着初冬的田畴，有些萧索；极目四望，也有些苍茫。北风一阵阵吹来，风大了。刘邦抬了头，望着天，云流动得很快，像是要飞扬了起来。

读书人读刘邦

自古以来,刘邦名声不算好。一般的读书人,提起刘邦,总对这"无赖"多感不屑。如此情形,古今皆然;早在当年,陈平就对着刘邦直说,"大王慢而少礼,士廉洁者不来",廉洁之士,对他还真是倒尽胃口。即使日后大事已成,天下一统,都还有狷介的高士对刘邦"慢侮人"的恶行深恶痛绝,最后,竟愤而"逃匿山中,义不为汉臣"(譬如著名的"商山四皓")。读书人嫌恶至此,当然,是刘邦咎由自取。

不过,虽说读书人(尤其廉洁狷介之士)与刘邦如此犯冲,但古人也曾言道,"好而知其恶,恶而知其美",尽管刘邦如此可厌,却仍有些长处,很可以让这些读书人借鉴的。譬如,刘邦知言。

"知言"看似容易,其实不然。《孟子》一书高谈

"知言、养气",谈得精彩;然而,他老夫子是否真做得到"知言"二字,却不无问题。我这么说,道学家当然会不高兴。不过,你看孟子雄辩滔滔、议论纵横,很轻易就能将对方给压倒;他所自诩的"知言",其实更多是这样的言语交锋与论辩分析;但是,如果真的要做到"知言",却必定得先善于听人说话,再与人莫逆于心、相视而笑。这一点,孟子恐怕就很难做得到。我们读《论语》,从孔子与时人言语之中的清风徐徐、一团和气,看得出孔子的确善听。孔子自言,"六十而耳顺",意思是,一听别人说话,字字句句,知情解意,无有隔阂。如果听人之言,可以听到全然无隔,这就是"知言"。然而,我们读了《孟子》全书,却很难想象孟子可以如此和悦、如此安静从容地听人娓娓道来,更甭说与人莫逆于心、相视而笑。我们总觉得孟子急着要表达意见,也急着要说服别人。早在孟子当时,人们就质疑他过于好辩。好辩之人,其实离"知言"二字,多半遥远。

　　至于刘邦,平日散漫,好狎侮,极无礼,不时就开口骂人(读下一段,便可知)。表面看来,这似乎和孔子的清风徐徐、一团和气大相径庭。然而,真到了关键时刻,刘邦一旦认真起来,不仅无比正经、出奇冷静,甚至比谁都还虚心。别人听不进的,偏偏他就能;别人千阻万隔的,他却丝毫无隔,一下子就了了分明。这本领,就是知言。

譬如,那回刘邦受围荥阳,形势一片紧急,说时迟,那时快,韩信就在这会儿派遣了使者请立齐地"假王";刘邦一听,直觉是趁火打劫,不禁怒火中烧,当场大骂,"吾困于此,旦暮望若(你)来佐我,乃欲自立为王?!"陈平与张良一听,知道这一骂,必误大事,遂急忙"蹑汉王足",附耳上前,才几句,刘邦马上省悟,旋即又改口再骂,"大丈夫定诸侯,即为真王耳,何以假为?"

嘿嘿!在那般危急、那般盛怒之下,换成你我,可能虚心听得进一旁的劝谏吗?我们有办法像刘邦如此不假思索、瞬间转化吗?

再譬如建都之事。当年刘邦灭项羽,即皇帝位后,本来就打算长驻雒阳,至于左右大臣,亦多主张定都于此。若按现代人"专制"或"民主"的想法,无论是独裁,或是多数决,甭管怎么说,似乎都该留在雒阳才是。岂料,只因张良一席话,分析得极中肯綮,句句在理,刘邦才听,便颔首频频,于是,幡然转变,完全不管对沛县老家多么魂牵梦萦,也不顾自己原先的想法,更不理会什么多数人的意见;他说改就改,毫不拖泥带水,立马迁都长安,"高帝即日驾,西都关中"(请注意

"即日"二字）。这样地果决，这样地干脆利落，正缘于他知言的能耐。刘邦如此虚心，是骨子里的虚心。这与他平常好说大话、吊儿郎当的模样，看似完全矛盾，但事实上，却是相反而相成。

与刘邦迥然有别、彻底颠倒的，当然是项羽。项羽平时，"见人恭敬慈爱，言语呕呕"，甚至"人有疾病，涕泣分食饮"，那模样，简直就是温良恭俭让。可是，同样讨论定都时，也有人力劝关中，但项羽却啥都听不进，只撂下一句，"富贵不归故乡，如衣绣夜行"，必定要回返彭城，任谁劝都没用。这还不打紧。后来，有人看不过去，遂讥讽项羽急躁短视，有如"沐猴而冠"；项羽一听，大怒，直接就把这人给"烹"了。如此残暴，又如此执拗，如果对照他平日恭敬慈爱的姿态，当然也大有矛盾；但是，这的确也是相反而相成了。

与项羽不同、却颇有相通的，是历代某些"知书达礼"的读书人。当然，他们不可能残暴如项羽，但在骨子里，却常常有着项羽般的执拗。这些读书人，平日貌似谦恭，也自诩虚心，甚至动辄标榜修养的工夫，可是，一旦到了紧要关头，却经常死咬不放，比谁都还偏执。如此偏执，多半缘于他们喜高言、好议论，总言语滔滔，轻易就可自圆其说，更不时会自我欺瞒。他们如果连自己都欺瞒得了，那么，别人的言语，又怎能听得进去？

这样的偏执，更根柢的原因，是他们过度"是非清楚"与"善恶分明"。向来，他们总自居道德的制高点，一拗起来，俨然都成了真理与公义的化身，动不动，就标榜"自反而缩，虽千万人吾往矣"。在这"大是大非"的旗帜下，他们当然要把自己的偏执解释成"择善固执"。于是，道德感越炽烈的读书人，常常越偏执，也越难劝得动，更离"知言"二字越是遥远。结果，我们就看得到，北宋有新旧党争，两造的"道德君子"，总是各持己见，总是相互倾轧；他们都是廉洁之士，可他们也党同伐异得最为彻底。因此，我们也看得到，清朝末年有群自诩"清流"的翁同龢者流，他们成日空谈大义，成日讥弹干实事的李鸿章；他们满嘴天下国家，却整天意气用事。这些"君子"也好，"清流"也罢，一直都在"择善固执"，但是，也一直都在误人与误己。

读书人之狷介，本是可敬可佩；他们的道德感，更是美事一桩。但这可敬之美事，稍一不慎，却可能沦为不自知的执拗。"择善固执"与"执迷不悟"，本只一线之隔；炽烈的道德感与极度的偏执狂，原也只一步之遥。如何避免异化，其实是门极大的功课。如何学会真正的"知言",更是每个读书人都该面对的课题。孔子"六十而耳顺",境界确实高了些,一时之间,其实也难以企及。但至少,我们先放下原来的不屑,慢慢平心静气地参详"无赖"刘邦,琢磨他"知言"的本领,这倒是个简易的办法!

"拼爹"与"靠爸"

西安有份杂志,问我"拼爹"的问题。台湾不说"拼爹",说"靠爸"。

刘邦当年,一向就是"自监门、戍卒,见之如旧",才瞬间,便可与市井之人稍无隔阂的。这样的无隔,借用台湾女作家朱天文的说法,是像个"速溶颗粒,当场融于对方,融于情境";作为"速溶颗粒",刘邦最惊人之处,是在于他既能"融于市井走卒之间,又不可思议能融入张良者流"。若纯纯粹粹聊聊天、谈谈话,甚至只是演演戏地搭个腔,这当然不难;可真要同时融于市井走卒与张良者流这迥然有别的二者,老实说,极度不容易。正因极不容易,那聪明绝顶的张良,才会叹息言道:"沛公殆天授!"

刘邦出身民间,又状似无赖,更偶得天幸,因此,才修得这"速溶颗粒"的能耐。其中,民间的出身,是个基础;这样的基础,使他有如禅僧所说的"体露金风"或者庄子所说的"浑沌"般地雨露风霜、天生地长,于是,日后逢人遇事,每每充满了弹性;即使遭困受挫,也总能百折不挠。如此充满弹性与百折不挠,使刘邦屡败屡战、屡仆屡起,心中毫不挂碍,总像个无事之人。这恰恰与他的对手项羽那样地暴然而兴又骤然而亡完完全全地相悖相反。遥想当日,项羽败走,一路疾奔至乌江,那乌江的亭长正舣船(舣船:拢船靠岸)以待,只待渡过江水,项羽就可重回江东,徐图再起。可是,项羽望着那一汪江水,想起那五年的霸业,再想起江东故土,顿觉百转千回,真要往前渡去,竟是举步维艰、万万不能呀!"籍与江东子弟八千人,渡江而西,今无一人还,纵江东父兄怜而王我,我何面目见之?纵彼不言,籍独不愧于心乎?"

是呀!项羽出身贵族,自有其身段,更有其面子问题。作为将军世家之后,项羽当初才二十出头,便已光芒万丈;数年后,更"分裂天下而封王侯,政由羽出"。这样地不可一世,转眼间,却只落得兵败而逃。此时此刻,真让他这样地奔回江东,究竟颜面何在?看到父老,又有"何面目见之"呢?

是的,乌江边的项羽,前思后想,除了自刎,确实也别无选择了。换言之,他贵族出身的背景,固然使他有条件在极短时间内暴然而起,可到最后,如此出身的种种身段与面子问题,却也将自己逼到无以转圜。他的出身,造就了他,也毁掉了他。

所谓"拼爹",或者,所谓"靠爸",不也如此?

不过一败

项羽刘邦之事，两千多年了；世人言之不尽，也思之无穷。我是个乡野之人，读史书，一如刘姥姥逛大观园，只觉得眼花缭乱。但是，看他二人之起起落落，倒让我想起了自己一桩小事。

那是一九九六年的夏天，贺伯台风侵台，引发空前的自然灾难，也带来台湾社会偌大之撞击。有感于斯，我写了篇一万两千字的长文；下笔前、完稿后，一直都心绪激昂、澎湃汹涌，久久不能自已。后来，将稿子寄给了两家报社，当然，都退稿了。一则我当时毫无名气，再则写得也不能算好，三则又实在写得太长，任谁都不该用的。过阵子，我总算想通了，心境也已然平复，对于刊登之事，便没那心思了。倒是我中学时代的导师，深觉可惜，屡劝我稍事剪裁，修成短篇再投。提了几次，我却是意态阑珊；最后一回，我只淡淡言道，"其实我不想这么早成名。"

当时，我二十八岁。而今想来，这话，算得上是桩小小的洞见吗？

回到项羽刘邦。项羽是贵族之后，先祖"世世为楚将"。一般而言，世家子弟识多见广，起手便高，若加上"才气过人"（司马迁言项羽），在风云际会之时，便常常骤然而兴。项羽初起，年方二十四。自古英雄出少年，项羽正是不世出之少年英雄。且看他巨鹿之役，先杀了"卿子冠军"宋义，威震诸侯，又率楚兵破釜沉舟，军士们一以当十，呼声震天，不仅大破秦军，还让作壁上观的诸侯各军"无不人人惴恐"；既破秦军，"项羽召见诸侯将，入辕门，无不膝行而前，莫敢仰视"；如此项羽，何等豪情，又何等英姿！短短三年内，他引领各路诸侯，一举灭秦，"分裂天下而封王侯，政由羽出，号为霸王"，如此成就，《史记》说，"近古以来未尝有也"；当时项羽，远远还没三十！

此时此刻，项羽岂止意气风发，又岂止年少得志？但是，这么叱咤风云，不过才又五年，项羽竟急转直下，垓下受围，旋即又乌江自刎。噫！何兴之暴也，又何亡之倏也？可叹他自矜自伐，四顾无人；身旁的高手，连个范增也留不住。可叹他执念甚深，即使垓下突围,仍执着于"天之亡我,非战之罪",仍念念于自己万人莫敌之能耐,都不忘证明自己轻易就能斩将刈旗。唉!都什么时候了,还要逞能?!

项羽是才情过多,遂被才情所执。项羽又是成名太早,遂为名声所缚。他的死,是死在乌江自刎;他的自刎,又因没脸见江东父老。他的家世、他的名声,都成了甩不掉的沉重包袱,至死不得解脱。这样的才情、这样的身世,固然让他暴然而起,让他年纪轻轻就登上绝顶;但也正因如此,当年轻的项羽独立孤顶时,也就只能目空一切;除此之外,他没机会领略呼吸吞吐,也不知如何回身转圜。他的人生有起无落,一旦落下,就只能粉身碎骨。

刘邦不然。刘邦在起事前,年近半百,却几乎一事无成。他"不事家人生产作业",总被老爸嫌为"无赖"。即使当个亭长,闲来无事,也就狎侮一些僚吏,寻寻开心吧!县吏萧何于是笑他,"刘季固多大言,少成事"。爱说大话的刘邦,却又胸无大志,从不像项梁(项羽季父)时时刻刻都是宏图远虑与多有谋略。亭长刘邦,不过是"好酒及色";喝了酒,囊空如洗,便赊赊账;店家讹他,将酒账又多记几倍,他也不在意。

这般被嫌弃、被笑话、被当成冤大头,刘邦压根不当回事。天生之豁达,再加上半生之际遇,使得他凡事都无可无不可。这般无可无不可,看似吊儿郎当,又看似漫不经心,但事实上,却有其根柢之大气与元气。

因为大气,所以刘邦素来宽厚,故而在起事群雄中,楚怀王独独许他进军关中,遂成日后汉王大业。又因为大气,故刘邦海纳百川;论运筹帷幄,他不如张良;论后勤补给,比不上萧何;论战必胜攻必克,更远远不及韩信;但"无甚才能"的他,凭其胸襟,凭其气度,却能将这天下第一等俊杰尽纳彀中,开创了亘古未有之新局。

刘邦的元气,更是惊人。当年曾国藩讨太平军,多有挫折,上奏战果时,原说"屡战屡败",后又改"屡败屡战"。这一改,固然好,但终究经过了一番转折。若是刘邦,凭其根柢之元气,屡败屡战,本属当然,连转折都不必。在他看来,颠踬跟跄,原属寻常;回过神来,也就得了。正因老被嫌弃、被笑话、被当成冤大头,使他在呼吸吞吐之间、回身转圜之际,都毫不执着,也毫无挂碍。对中年以前一直无籍籍名、两千年来名声也未必多好的刘邦而言,人生起落,一如花开花谢;而沙场争战,即使输得再不堪、逃得再狼狈,那都不过,就是一败。

多谈意思，少说意义

有位大陆青年问我，志气与欲望，到底怎么区分？

早先，梁漱溟先生有篇文章，教人要知辨别，莫将欲望当志气，否则，生命就搁不在当下，就老是贪高骛远，最后，更免不了把自己搅得烦躁不宁。读罢，这青年颇有触动，也深以为然。可麻烦的是，他即使想破了头，仍无法将志气与欲望分辨得清。梁漱溟还说，"念头真切，才是真志气"；可这青年仍纳闷，欲望不是也很真切吗？尤其后来，他又读了业师林谷芳先生一段话（我简体版《人间随喜》的前言），"（知识分子）容易把自己的欲求扩充到极致。所谓齐家、治国、平天下，实际上也是欲求。如果这种向外的欲求不能被一种生命丘壑所承担，就会带来心理失衡"，咦——"治国、平天下"？那不是绝大的志气吗？怎么，也成欲求了呢？

这下子,他可真困惑了。为此,他写了封信,问道,志气与欲望,到底该怎么区分?

呵!好问题!

所谓好问题,要不,就是难以回答;要不,就只能姑妄言之、姑妄听之。因此,老实说,我真没打算要回信。怎奈,他甚是苦恼,又问得恳切,只盼有个指点,好走出困境。如此一来,我倘真完全不说,似乎也说不过去;可是,我又哪能有什么指点呢?好吧,那就姑妄言之吧!

中医常说,药毒同源;同样一味药,用得对,就是药;用不对,就是毒。一颗寻常的萝卜,可成治病良方;一株珍贵的人参,也能置人死地。关键不在药材,在于怎么用。这正如人的一生,同样是"饥来则食困来眠",有人可证得无上菩提,有人却整天活在无间地狱里。关键,不在食与眠,在于你怎么活。换言之,以外相来看,志气与欲望,指涉的,常常是同一件事。譬如治国平天下,那当然可以是大志气,但如果"情况"不对,就的确如林谷芳先生所言,"实际上也是欲求"。又譬如挑水砍柴,这本是最寻常的生活,卑微得很,与所谓的志气,哪沾得上边?可禅宗却有名言,"挑水砍柴,无非大道",这句话,传诵了千年,那群和尚都清楚,人只要当下安然,只要精神抖擞,就算是挑水砍柴，都可以是桩极有志气的事儿。因此，真要区别，不在事，在人；个中关键，是在于人如何做这事？做这事时，又是怎么样的精神状态？如果，清清爽爽、明明白白，既有意兴，又有神采，那就是志气。反之，一脸浮躁、满身浊气，既患得之，又患失之，整天纠结不已，即使是做着再伟大的事儿，其实，也都只是欲望。

我这么一说，歪打正着，恰恰就碰着了他的要害。他回信言道，原本，在年少的时代，也有着我所说的神清气爽的那种志气，岂料，读了大学之后，因老想着做些"最有意义"的事，又老念着要成就某件"伟大"的事儿，因此，总无法"把心好好搁在一事上"，总不断地怀疑，总"怀疑自己做的事没有意义"，最后，满脑子都是各式各样的想法；而这些想法，彼此又相互抵触、相互辩驳。结果，就把自己搞得"心力交瘁，非常烦乱"。

看了回信，我要他把"意义""伟大"这些词儿都先暂时放下。这些词儿未必不好，却常常会把人困住。先搁着吧！事实上，中国人不太谈"意义"，更常说的，是"意思"。"采菊东篱下，悠然见南山""桃花流水窅然去，别有天地非人间"，哪有啥意义不意义？但读着读着，自然可读出些意思来。中国是个诗的民族，诗与意义无甚相干，重点是在于意思。所谓的好诗，是三言两语，却意思无穷。于是我劝他，先做个有"意思"之人，多做些有"意思"之事吧！

我想起了司马迁。司马迁是个有意思的人，《史记》更是本极有意思的书。我读《史记》，总觉得，司马迁乃天下第一等有志气之人。正因有志气，所以他看世间之事，件件有意思；其笔下人物，也个个有神采。尤其他写的刘邦，不仅活灵活现，那精气神呀，简直就力透纸背！我读《史记·高祖本纪》，不时都啧啧称奇，也常常深感佩服，更多时候，则是读着读着，没来由地就开心了起来。

这种没来由地开心，或者是无缘故地好玩，既是《史记》的独到之处，更是刘邦的过人本领。《高祖本纪》有一小段落，就写个"刘氏冠"。我把这段抄给大家看看：

> 高祖为亭长，乃以竹皮为冠，令求盗之薛治之（派"求盗"去薛地找匠人又多做了几件；"求盗"是亭长手下的吏卒，掌管缉捕盗贼），时时冠之。及贵，常冠；所谓刘氏冠，乃是也。

这个段落，与前后文无关，与刘邦的成就大事也很难看得出有何干系。换言之，是段闲笔；若换别人来写

《高祖本纪》，肯定就没这段。尤其那些满脑子"治国、平天下"这等伟大之事的读书人，读到这儿，大概，直接就跳过去了吧！真让他们勉强读之，大概就如小和尚念经一般，念完后，多半要嘀咕：哎呀！这什么和什么嘛！如此琐碎之事，有啥好记的呢？

是的，习惯"意义"、习惯"伟大"的他们，确实与这等"琐碎之事"无甚缘分。因此，他们很难体会有种没来由地开心，也不清楚什么叫作无缘故地好玩。他们总目标明确，也总是规划明晰；他们凡事按部就班、井井有条，更绝不做没意义的事。这样地条理分明，当然是好；不过，这就与"无所为而为"离得远了。"悠然见南山"也好，看着"桃花流水窅然去"也罢，这压根就没什么目的，纯纯粹粹，就是一份好情怀。如此"无所为而为"，如此纯粹的好情怀，看似不切实际，也状似散漫，却最能在若有似无之间保存了一份元气与志气。有此元气，人可一如刘邦一般地屡挫不折；有此志气，人就能云雷满蓄，更能进可成事、退不受困。因此，老子有句名言，"无为而无不为"；也因此，老子又有一句更有威力的话，曰，"以无事取天下"。

真要说伟大，那么，取天下，够伟大了吧！但老子偏偏却说"以无事取天下"。这话简直是个预示，果然，闲来编编"刘氏冠"、径自开心的"无事"之人刘邦，当真就把这天大之事给做成了。呵呵，有意思吧！同样是取天下，《史记》写项羽刘邦二人，为了标出根柢差异，又以近乎闲笔的手法，记了一件"琐碎之事"。那时，他二人都还没起事，都还没踏上历史的舞台；同样在人群中远远望着秦始皇出巡，项羽一看，就直截言道，"彼可取而代也！"至于刘邦，则是望了一望，不禁叹息，曰："嗟乎，大丈夫当如此也！"

两人的情节相仿，说话的内容也相近，可个中气象，却是天差地别。真要细分，项羽的语气明确，既悍且戾，还满嘴霸气。霸道之人，都有种浊气；他们平日所言所行，多半伟岸宏阔，很容易让人以为是个有大志的。其实，那貌似伟岸，说到底，不过是股强大的欲念罢了！至于刘邦，其言语、其神态，则是意兴扬扬，不胜欣羡。相较起来，刘邦所言，近于志气。所谓志气，总有些浑沌，又有些欢喜，还处处蕴含着生机。刘邦说这话时，就没想到来日真要干吗；面对未来，更一向没啥规划。可是，在隐约之间，他又的确有种好意，有种好情怀。

有此好意与情怀，便可言志气。有志气之人，必然不乖戾、不烦躁；他们面对当下，没那么多气愤；面对未来，也没那么多郁结。有志气之人，多能从容清朗，开心又好玩；他们对人，常有种好意，对事，也常有种欢喜。因此,这等志气之人,多半眉目敞亮、神态清扬;单单看着他,我们就觉得这人有意思。于是,我劝这位困惑的青年多做点有意思的事之后,其实也想建议他,有空不妨拿面镜子,照一照,就看看自己的眉目与精神吧!

项羽杀人

读《史记·项羽本纪》,真是一片刀光剑影。

项羽能杀、项羽善杀,若就一位大将军,甚至单单只是一个剑手而言,项羽不仅震古烁今,简直就旷世未有。我读到他杀人的某些画面,常常眼睛一亮,不禁啧啧称奇,更是叹为观止!然而,项羽好杀、项羽嗜杀,又尤其不知如何止杀,因此,他无法成为一个真正的王者。换句话说,项羽杀人,既快又狠,可惜,缺乏准头。因既快又狠,所以项羽叱咤风云、磊磊有英雄气;可因没个准头,项羽遂只能抱憾失败、骤然而亡。

先说快。

《史记》里头,项羽第一次出手,就是在会稽郡守的麾下,直接杀了他的顶头上司会稽郡守。那时,应项梁之请,会稽郡守召项羽入内,郡守都还没开口,更没意识到凶险,项梁只使了个眼色,项羽便在众目睽睽、却都来不及反应之下,"拔剑斩守头"。紧接着,项梁"持守头,佩其印绶",昂首阔步,步出大堂,"门下大惊扰乱",于是,项羽又以雷霆之势,再次挥剑,"所击杀数十百人"。杀毕,一府之中,"皆慴伏,莫敢起"。

不久,类似的情形,是项羽又在上将军宋义的帐中,直接斩了他的上司宋义。当时,项羽乃楚国次将,衔怀王之命,辅佐上将军宋义赴赵援救。途中,二人因意见冲突,起了内讧,在激烈的争执后,宋义直接下令:若再有蛮横执拗、力持异议、拒绝服从者,斩。结果,宋义都还没采取行动,也没认真设防,项羽便只是一如往常,大清早,"朝(朝见)上将军宋义",进入帐中,无视诸人,拔了剑,砉然一响,就径"斩宋义头"。于是,项羽拎着宋义头颅,走出帐外,"诸将皆慴服,莫敢枝梧"。

就这么砉然一响,项羽斩宋义的消息,忽地传遍了诸侯之间。从此,项羽"威震楚国,名闻天下"。这时,刚刚出道一年多的项羽,也才二十六岁。

再说项羽杀人之狠。

《项羽本纪》里,常出现一个"坑"字。当初,项羽才头一回出兵,攻襄城,"襄城坚守不下",数日后,终于攻破城池，项羽愤怒，索性，"皆坑之"。数年后，项羽行击外黄，"外黄不下数日，已降，项王怒，悉令男子年十五以上诣城东，欲坑之"。这"坑"字，说开了，就是"陷之于坑，尽杀之"；若用现在的话说，则是全数活埋、一个不剩。自起兵以来，项羽一直就这样地"坑"人成习、活埋无数。其中，规模很大的一回，是击败齐王田荣之后，项羽不仅烧夷了齐国城郭屋室，更"皆坑田荣降卒"。所坑的降卒，究竟数目多寡，史册未载；可若以当时偌大的齐国来看，少说，十万以上吧！至于规模更庞大、史册也明白记载的，那是当年往关中的路上，项羽带着几个秦降将，这秦降将又率领着秦士卒，一路逶迤，浩浩荡荡，到了新安，项羽却突然心生顾忌，起了杀心，于是，就在新安城南，一夜之间，"坑秦卒二十余万人"。

这样的"坑"法，已不只是狠，更是彻彻底底失去准头的极度发狠。尤其，项羽坑杀的，都还是已降之人，更别说数量又是如此骇人。当年，刘邦首入关中，诸将劝杀秦王子婴，刘邦拒绝，理由是，"人已服降，又杀之，不祥"。项羽所犯的，正是这样的不祥，而且，还是大大的不祥。

事实上，天下大乱之际，以战止战、以杀止杀，本天经地义。因此，战必得战、杀亦得杀，可是，不管再怎么征战杀伐，个中关键，仍在于一个"止"字。毕竟，"兵者，不祥之器"，那原该"不得已而用之"。征战与杀伐，但凡没有"不得已而用之"的自觉，如果不知刹车、无有个"止"字，那么，大乱不仅不可能因此结束，相反地，更彻底的生灵涂炭，只会才刚刚开始。

不幸的是，项羽一旦发起狠来，就完全像个没刹车的。顿时间，啥准头都没有。这时的项羽，已迥然不似平日的"见人恭敬慈爱，言语呕呕（温和的样子）；人有疾病，涕泣分食饮"（韩信所形容的项羽）。这时的项羽，只让人闹不明白：他究竟是个旷世英雄？或是个暴虐屠夫？更或者，他其实只是个控制不住自己、彻底任性的男孩呢？

项羽的发狠，还不只是对待降卒。项羽的毫无准头，更不只是"坑"人，甚至，他还动辄"烹"人。那回，他进了关中，屠了咸阳，有说客因关中"阻山河四塞、地肥饶，可都以霸"，劝他定都于此。然而，项羽见秦宫室已然残破，又一心想东归故土，于是言道，"富贵不归故乡，如衣绣夜行，谁知之者？"说客遂讥讽他，"人言，楚人沐猴而冠耳，果然。"项羽才一听闻，二话不说，就把这说客给"烹"了。

项羽这回"烹"人，当然是一时愤怒，瞬间发了狠。可毕竟，那说客确实是言语太过，以致取祸，也不能说是完全无辜。然而，后来一回，项羽又"烹"了王陵之母，这就真骇人听闻、令人发指了！

王陵是沛县豪杰，不论身分与辈次，早先，都在刘邦之上；因此，秦末大乱以来，隔了许久，王陵才勉强投靠了刘邦。至于陵母，自遭项羽掳获之后，一直就留置项营，以为人质。后来，王陵遣使探母，项羽则刻意安排座次，让陵母居于上座，自己屈居下座，态度谦恭，言语和善，颇示招陵之意。结果，陵母送使者离营时，嘱咐使者，从今往后，王陵务必好好追随汉王，莫再三心二意，更莫再以她为念，遂自刎。这下子，项羽心计落空，恼怒之余，全不顾刚刚谦恭以待，也不顾陵母毕竟已然身亡，即使横在眼前，明明就是一具尸体，他依然愤恨难消，遂将陵母又"烹"之。

在项羽多年之前，孟子曾说过，"不嗜杀人者能一之"；更早之前，老子也曾说道，"夫乐杀人者，则不可以得志于天下矣"。孟子与老子，一儒一道；许多的事儿，他们未必一致；可这里所谈的，却完全是同一件事。他们说的，是天道。自古以来，人们总觉得天道渺茫；许多事情，到底有无因果报应，也着实让人心生困惑。然而，当项羽以旷世未有的善杀与能杀，短短三年内，"分裂天下而封王侯"，后来，又因好杀、嗜杀、不知止杀，匆匆五年后，又"卒亡其国，身死东城"。由此观之，天道虽看似渺茫，其实，仍依然是历历清楚的呀！

从咸阳大屠杀到新朝气象

数年前，我头一回由陕西进河南，从西安，经华阴，过了三门峡，在即将抵达洛阳前，高速路上，望见了新安一地的路标，我看着四周，张望了一会儿，于是，想起了项羽。

项羽战无不胜，攻无不克，是个战神哪！毕生赫赫战役中，若论精彩、若论关键，必首推巨鹿之役！彼时，项羽为了出兵救赵、解巨鹿之围，才刚刚和他的上司宋义发生了激烈争执。数日之后，一清早，项羽朝见宋义，昂昂然，走入帐中，啥都没说，啥也不犹豫，一剑挥下，便斩了上将军宋义之头。随后，拎着宋义头颅，昂昂然，步出帐外，诸将尽皆慑服，没人敢有意见。项羽如此横决，如此威猛，一时间，传遍天下，从此，"威震楚国，名闻诸侯"。

杀了宋义，项羽引兵渡河救赵，遂有巨鹿一役。那回，才渡河，项羽即下令"皆沉船"，"破釜甑，烧庐舍"，只"持三日粮，以示士卒必死，无一还心"。于是，楚兵人人争先，"无不一以当十"，遂大破秦军。当是时，"楚兵呼声动天"，原来作壁上观的十余处诸侯军，"无不人人慴恐"。秦军既破，项羽召见诸侯将领；这群将领，一进辕门，"无不膝行而前，莫敢仰视"。从此，项羽号令天下诸侯将领；他的时代，于是开始。

巨鹿之役后，秦军动摇，不久，上将军章邯派人约降。受降后，项羽挥师关中，以秦军二十余万士卒前导，鼓行而西。大军一路逶迤，行逾千里，到了新安，秦军开始人心浮动；项羽闻听，担忧秦吏卒"其心不服，至关中不听，事必危"，于是，与众将谋，决议一了百了、坑杀了事，遂在新安城南，"楚军夜击，坑秦卒二十余万人"。

就这样，秦士卒二十余万，一夜之间，尽被坑杀。可叹那新安城南，天还没亮，倏忽又新添了二十多万尸骨！

二十多万秦士卒杀罢，离了新安，不久，过函谷关，进关中，项羽遂"引兵西屠咸阳，杀秦降王子婴，烧秦宫室，火三月不灭，收其货宝妇女而东"。这一屠，到底屠了秦都多少人，史册未载；若扣除掳走的妇女，那么，数目惊人哪！项羽一入咸阳，咸阳人员尽亡、宫室尽毁，"所过无不残破"，如此劫难，若唤之为"咸阳大屠杀"，恐怕，并不为过！

这样的"咸阳大屠杀"，一来，是因项羽平素好杀，动辄屠城，所过之处，几都残破；这番到了秦都咸阳，只不过更酷烈、更彻底罢了！另一方面，这次大屠杀，当然也因他对秦人素怀仇恨。昔日，楚怀王入秦不返，竟卒于秦；楚人哀之怜之，人人"如悲亲戚"。尤其项氏一族，世世楚将；其祖项燕，当年为秦将王翦所戮；其叔项梁，后来又被秦将章邯所杀。以楚人性格之鲜烈，加以项羽无比之横决，这回，杀进秦都，岂能不雪耻复仇、杀他个干干净净？！这正如当年伍子胥杀入郢都，替父报仇，即使"掘平王墓，出其尸，鞭之三百"，再怎么倒行逆施，都毫不手软；复仇心炽的他，必要做到最极致、最彻底，方可大快其心，才肯罢休。

楚人性格中，一直有种"宁为玉碎，不为瓦全"的激烈与浪漫。这样的激烈与浪漫，不仅见于项羽、伍子胥的复仇故事，其实也表现在自沉汨罗江的屈原身上。或许，正因楚人一向决绝，楚人情绪的燃烧也一向炽烈，所以，早在当年秦灭六国，善言阴阳的楚南公就预言了来日的大复仇："楚虽三户，亡秦必楚！"

当然，这样炽烈的复仇情绪，虽说楚人最甚，却绝不仅见于楚人。譬如张良,他是韩人,早先,父祖"五世相韩",秦灭韩后,张良怀着国仇家恨,血气汹汹,一心一意,必要复仇;即使散尽家财,甚至"弟死不葬",都定要买力士刺杀秦皇。于是,后来遂有那博浪沙百二十斤铁椎的奋力一击!

这沉沉的一击,当然是年轻张良的血气汹汹。然而,真要说血性男儿,在整个秦汉之际,又岂止张良?岂止项羽?老实说,当天下骚然、豪杰四起时,不论楚地,抑或韩地,即使是齐、赵、燕、魏,哪一处不心存雪耻复仇?又哪一地不尽是一条条的铁铮铮汉子?

那么,秦地呢?

秦一统天下时,秦人当然是胜利者,也是征服者,因此,秦地只有"被复仇""被雪耻"的份儿。可是,当秦帝国瓦解,秦军兵败,后来约降,条件谈好了,该配合的配合,该前导的也前导,却只因项羽一个念头,于是,二十余万秦士卒一夕间尽被坑杀。尤其,后来秦王子婴早已降于刘邦,刘邦一进咸阳,果然也无波无澜、秋毫不犯,岂知,随即项羽引兵西入,才进咸阳,便开始屠城,杀烧掳掠,无所不至,彻彻底底成了咸阳史上最大的一场浩劫。

先是新安大坑杀,后又咸阳大浩劫,较诸战场间军士的彼此杀戮,这两回,显然,都远远更让秦人痛彻心扉、恨入骨髓。就这两回，时移势转，主客易位，是不是，也该轮到秦人复仇了呢？

秦人质朴，不似楚人浪漫；他们没有楚人的激烈以及瞬间的爆发力，却特别有种刚毅与坚忍不拔。如果真要复仇，秦人会像最沉默且厚实的农夫一般，埋着头，一步步，踩得踏踏实实，绝不凌空，也不蹈虚，好像笨，好像拙，可到后来，他们在安安静静中，该做到的，都会完全做到。

问题是：秦人复仇了吗？

外表看来，似乎没有。不过，楚汉后来相争，每回交战，刘邦皆败；有几次，甚至丢盔弃甲，就只带了几个亲信逃遁而去。没隔多久，刘邦却重整旗鼓，随即又兵威堂堂、军阵皇皇。他这般屡仆屡起、屡败屡战，凭借的，是什么？其实，刘邦最大的后盾，正是关中一地近乎无尽的支持。刘邦缺粮，秦人运粮；刘邦缺人，秦地补人。紧急时，甚至连"老弱未傅"，也统统上场。如此没完没了地征兵征粮，换成别地，恐怕早已民变四起了；可关中一地，却波澜不惊、一片安宁。呵呵，这可怪了！

关中之所以成为刘邦最坚实的后盾，首先，当然得力于昔日入秦时，刘邦尽收人心；从那时起，八百里秦川，人人"唯恐沛公不为秦王"。其次，也要归功于萧何；萧何留守关中，安之抚之，不惊不扰，同时，又对百姓广施恩惠；秦地之人，既蒙其恩，又受其惠，当然要心中耿耿，必定感念的。

除此之外，还有其他原因吗？

我想，秦人如此死心塌地的支持，更大的关键，仍在于他们内心深处的复仇之念！新安大坑杀、咸阳大浩劫，"新鬼烦冤旧鬼哭，天阴雨湿声啾啾"，此仇此恨，岂能或忘？在秦人的眼里，远在前线的刘邦，不仅是汉王，更也是秦王。（前头不也说了：关中人人"唯恐沛公不为'秦王'"。）换句话说，对关中子民而言，汉兵伐楚，不只是刘、项互争天下，说到底，那更是秦人对楚人的雪耻复仇！从这角度来看，刘邦击楚，就等于带领着秦人复仇。既是复仇，再怎么辛苦，秦人必都无怨无悔；既是复仇，再怎么路途迢遥，秦人也必将一步步踩得踏踏实实，在安安静静中，该达成的，最后，都将达成。

于是，秦人复仇了。

可问题是：秦人复仇了，然后呢？难道，又该轮回到楚人雪耻吗？

这倒没有。

一方面，这是缘于刘邦的宽大。古来征战，杀戮难免；可是，对比于项羽的嗜杀，对比于项羽的嗔怒之心一旦发作便完全不可收拾，的确，刘邦是孟子所说的"不嗜杀人者能一之"，刘邦也是但能不杀就轻易不杀。尤其当项羽兵败自刎后，刘邦还慎重其事，以"鲁公"之礼葬之，且"为发哀，泣之而去"，尽了礼数，也成全了心意。而后，刘邦既不株连，也不追究，"诸项氏枝属，汉王皆不诛"，甚至还封了项氏四人为侯。有此宽大，才可能消弭得了仇恨。

另一方面，当年那复仇的轮回之所以能戛然而止，更根柢的原因则是：天下一统的格局，已然完成。

有了大一统的格局，许多貌似不共戴天的冤仇，才有办法慢慢化解得了。譬如，近代西方史上最著名的德、法世仇，许多年的冤冤相报，一次比一次酷烈，后来，只因第二次世界大战之后，西德与法国同时纳入了冷战体系的美国阵营，走进以美国为共主的一统格局；冷战结束后，德、法又孜孜于欧盟的扩大与发展，成为迈向欧洲一统的两大推手。如此一来，所谓世仇，才彻底成了历史名词。

也正因如此，当年刘邦灭楚后，如果依循着项羽路线，继续分封诸侯，继续维持战国时代列强并立的格局，恐怕，不消多久，各国兼并乃至于雪耻复仇之事，必将纷纷再起。毕竟，只要是国家林立，多半就征战不已，这是事实。

话说,早在西周初年,小国甚多,可却维持了长期的海晏河清。这一则是因周刚灭殷,周公又才完成东征,周王室力量强大,足以担当天下共主的责任;更重要的是,自周公制礼作乐之后,透过宗法关系,将礼乐制度的天下观与"王道"精神,渗透到了华夏各地。有此礼乐,有此天下观与"王道"精神,便产生了比武力统合更绵长深远的精神大一统。精神世界能大一统,周天子才能长长久久地绾合住天下诸侯。

到了平王东迁,周王室力量骤衰;周天子的共主地位,也名存实亡。可尽管如此,只因原来的礼乐尚未完全崩坏,早先的王纲也还没彻底解纽,西周精神世界的大一统,至此虽然陵夷,可仍不无影响,于是,在春秋时代,即使各国倾轧不断,却鲜少有战国时代普遍可见的激烈兼并,更没有后来那种恣肆暴虐、让无数人痛彻心扉的坑杀与屠城。

战国激烈的兼并,造就了秦帝国的大一统。一次次的坑杀与屠城,则使秦帝国与后来的项羽都骤然而兴又骤然而亡。到了刘邦,早在当年进入关中,丞相萧何便尽收秦律令图书;伐楚时,既不坑杀,也不屠城;灭楚后,他不依循项羽分立诸国的路线,但凡典章制度,虽"有所增益减损,大抵皆袭秦故"。换句话说,刘邦避免掉秦覆亡的前车之鉴,却承继了秦帝国的大一统格局。

在这武力一统的格局下,刘邦和那群开国者,凭其宽厚,开始与民休息,开始无为而治,开始慢慢养足了华夏民族的元气。先是黄老,继而儒家;先是采萧何之议,恢复祭祀,"令祠官祀天地四方、上帝山川,以时祀之",继而依叔孙通之见,"采古礼,与秦仪杂就之",一步步恢复了礼乐。刘邦这一帮人,又凭其大气,慢慢恢复了华夏民族原有的天下观与"王道"精神之下的心量与气度,于是,那绵长深远的精神大一统,就这样自然而然地又重新唤醒。久违了!当这精神大一统再次出现时,所有杀戮与复仇的轮回,都将戛然而止;所有历史的仇恨,也必成为过去。当历史翻过这一页时,眼前开始有种明朗,有种亮煌煌;这就是人们所说的,新朝气象。

天清地旷

钱穆谈史,颇有佳处。譬如在历代的政治制度中,他特别称许两汉,言道,"两汉政治的好处,便在其质实少文"。这话说得好。

制度之为物,一如我们每个人的生活,易繁、易密、易堆砌,只要稍不小心,就会不断积累、不断加乘,终至于不堪负荷;倘真要做到"质实少文",其实,极不容易。唐、宋之后,中国政治便开始加乘积累,渐渐远离了这"质实少文",于是,法令日益繁密,制度也叠床架屋,明、清两代,政治遂急遽恶化。老子云,"法令滋彰,盗贼多有";这盗贼,当然也包括了窃国之徒;君不见,明、清两代,单单戏曲、小说所表,那贪官污吏数量之多、势头之狠,可多么惊人!

因此,回头再看看两汉政治的简静,真让人遥想不尽！这样的简静，当然，萧何、曹参二人影响至巨；毕竟，"萧规曹随"，垂则后世，千古佳话哪！然而，更关键的人物，是刘邦。

那时，刘邦病笃，遗言将来萧何死后，应由曹参接替相位。曹参既有"守而勿失"的能耐，更有"不变不革"的气魄（"不变不革"看似容易，其实需要极大的气魄，绝非寻常之辈所能为；我有篇文章，专谈曹参，就特别提了这点）；刘邦明白，只要曹参接替萧何，汉家之风便昂然可立。此外，在曹参之后，刘邦又点名忠厚的王陵，最终，则是提起了周勃。刘邦说周勃"重厚少文"，来日，"安刘氏者，必勃也"。

接二连三，刘邦安排了这些厚实之人为相，从此，不仅确立了汉家简静之风，也奠定了大汉四百年气象。这气象，是刘邦毕生最大的贡献，也是对历史最深远的影响。因此，《史记·高祖本纪》的文末，"太史公曰"完全不论刘邦个人的长短优劣，以跨越数千年的历史高度，单单只谈夏商周三代直至汉代的立国精神的更替与移转。司马迁说，周人重文重礼，走到了末梢，便产生了细琐浮薄乃至于虚伪之弊（《史记》用的字眼是"僿"）；秦灭周后，不矫其弊，反代之以更严更密的法令，这简直就是火上加油，当然要完蛋。结果，到了高祖，汉初一帮君臣的质朴简静之风让整个时代焕然一新，涤尽了昔日的细琐浮薄以至于虚伪，因此，太史公曰，"汉兴，承敝易变，使人不倦，得天统矣！"

刘邦这划时代的政治决定，不仅因其见识，更源其性情。众所周知，刘邦为人疏阔，待人又极其无礼，关于这点，历代读书人早已骂倒。然而，其无礼是表，质简是里；粗野是外，大气则是深植其内。刘邦性情中的质简大气，正是汉兴之后"承敝易变"的一大关键。另外，刘邦性情中还有更被人诟病也更可以玩味者，那就是他有种违背常理的"无情"。譬如，项羽以"烹太公"要挟时他的嘻皮笑脸；又譬如，逃命时他将儿女踹下马车的大脚一踢。凡此之事，当然很难被谅解。可奇怪的是，他这般"无情"，偏偏后来老爸活命了，子女也保住了；他若非如此"无情"，后果将会如何，老实说，还真在未定之天呢！

刘邦的"无情"，从骨子里看，其实是一种最彻底的不粘不滞。正因不沾不滞，所以，一切可抛；正因不粘不滞，所以，全盘皆活。常人容易纠缠不清的，刘邦是连考虑都不考虑，莙然一声就全甩开了；世人多要受执被困的，刘邦则像个无赖，啥也不管，凡事都可破、可挣脱、可放下。正因刘邦这样的性情，才会有汉初那样的天清地旷，也才会有两汉政治的简静与清明。

我每回读到刘邦这样的不粘不滞，总想起我们这个时代，也想起我的一些朋友。前阵子，我到深圳，听当地一位文化人感慨，每天，他都得花太多的时间于微博与微信；虽知不该如此，可别人转发了、评论了，若没响应，又自觉过意不去。于是，心里就有了纠结。听他言罢，我没多说。因为我知道，这既是个时代病，亦是他性情所致。若真有用，三言两语，也就够了；如若不然，多言，其实无益。这就好比台湾无数的低头族，你真劝他，多半也没用。在这无限堆栈的时代里，信息如排山倒海般淹没了大多数人；他们人手一机，看似丰富，实则已粘滞到无以自拔的程度。他们已然被绑架，就好比那吸毒之人，即使朋友真心想关切、真心想劝告，说了半天，好像也无关痛痒。

除非，重新又有个天清地旷。儒家说"止"，老子说"损之又损"，禅宗则说"悬崖撒手，绝而后苏"；儒释道三家说来说去，不过是教大家当抽手就抽手、该回头便回头。他们所说，当然都极好，可相较而言，我更喜欢刘邦那样开创了一个简静清明的大时代，让无论贤愚不肖、差不多的人都可活得清清爽爽、实实在在。我也喜欢刘邦的凡事豁脱，光朗朗、明亮亮，即使别人说他无礼、骂他无情，再怎么说三与道四，他都丝毫不以为意。只要是不相干的，他都可以在一瞬间就解脱开来。这样的人，才够畅快；如此天地，才真清旷。

第二辑　汉家气象

长者

现代人受西方（尤其美国）影响，喜欢标榜年轻，同时，也多半怕老。君不见，台北捷运有多少的车厢，明明站了不少人，可博爱座的空位，却常孤零零地一径冷清着。这时，仔细一看，可能还有几位长者正站一旁呢！博爱座如此乏人问津，一方面，当然是台北人谦冲客气；二方面，也是有些长者身体硬朗，犯不着坐着，毕竟，"卧不如坐，坐不如站"。可是，另一方面，这的确也是因许多人视博爱座如忌讳，坐那儿，总有说不出的难受与不自在；这样的不自在，说白了，其实就是不愿意承认自己是个老者。

当"老"已成了某些人避之唯恐不及的字眼时，这就意谓着，我们是身处在一个价值错乱的时代。换言之，当大家不以"长者"为尊贵时，这就是一个没志气的时代。

古人比我们有志气。

当年，刘邦年近半百，出差咸阳，适逢秦始皇出巡，他道旁观看，看着看着，不禁喟然叹息，曰："嗟乎！大丈夫当如此也。"数载之后，果然，刘邦打下了汉朝四百年亮煌煌的江山。个中原因，当然很多；但其中有个关键：他是个"长者"。

刘邦的"长者"之风，由来甚早。当初他还是个亭长时，一回玩闹，误伤了哥儿们夏侯婴。依当时律法规定，亭长伤人，其罪甚重；因此，夏侯婴为了回护刘邦，宁可做伪证，宁可因翻案复审而坐牢一年有余，又宁可遭鞭笞数百下，都完全在所不惜！从这点看来，刘邦除了是个无赖之外，可还是个让兄弟不惜牺牲都要挺身相护的"长者"呢！

到了秦末，天下大乱，沛县老少纷纷而起；他们杀县令，开城门，迎接刘邦，"欲以为沛令"。拥刘邦为令，一则因刘邦已然亡命在外，率众百余，算得上略有实力；另一方面，也因多数文吏（譬如萧何、曹参）担心来日事败，"秦种族其家"，不愿出头，于是一致推让给刘邦。除这两点之外，更紧要的原因，恐怕还是如同东阳（当时另一个起事的县城）少年群推陈婴为长所说的理由：他是个"长者"。

刘邦起兵之后，加入了项梁阵营，项梁随即又拥戴楚怀王为诸侯军的共主。不久，项梁败死，楚怀王开始调兵遣将，派人向西略地，准备进入关中，一举破秦。任谁都知道，挥军关中，乃天下第一等大事，而且，楚怀王还公开约定："先入定关中者王之。"换句话说，谁先平定了关中，谁就成为京畿所在的秦地之王。因此，雄心盖世的项羽，一方面想拔得头筹，另一方面也想报叔父项梁为秦所杀之仇，于是便自动请缨。然而，怀王回绝了项羽，在诸多将领中，却独独挑选了刘邦。那时，楚怀王的理由是："独沛公素宽大长者，可遣。"

因为是个"长者"，故刘邦受推为沛公；后来，又因为是个"长者"，刘邦才入得了关中，成就日后的汉王。待成为汉王后，又有王陵之母，宁可自刎，也不受项羽要挟；自刎之前，遗言要王陵"谨事汉王"，理由是，"汉王长者也"。

问题是，何谓"长者"？

"长者"当然年纪大，但是，又不尽然。

在中国，年纪一大，似乎就是个优势。中国人看戏看压轴，凡事"好戏在后头"。事实上，中国人的一生，只要下足功夫，沉得住气，常常越是晚年，就越光彩纷呈。譬如书画，古人且先不表，单说近代，齐璜年约六十，才开始"衰年变法"，从此大破大立，白石老人的画风于是一变，遂成独绝；此外，又有八十三岁的张大千，去世前数月，含着心脏镇定片，在家人扶持下，爬上定做的高桌，画就一幅笔酣墨畅、大气淋漓的"庐山图"，长有十米，高则一米八，多年前，我在台北故宫博物院亲见原画，不禁目眩神摇。而至如今，还有个星云法师，他本非书家，写字也只是随缘欢喜；年过八十，近乎失明，落笔时，甚至还要人搀扶，但他那一手书法，可真是越写越好了。

年纪一大，他们的生命，慢慢就淬炼出特殊的质地，有点像石墨变成了钻石。这样的淬炼，书画只是其一，更精彩的，还得看看《史记》里头那几位老先生。譬如姜太公，大家都熟，你说，当初他踏上历史舞台，先辅文王，后佐武王，才刚刚开启周朝八百年国祚时，到底已多大年纪了？又譬如范增，"年七十，素居家，好奇计"，都这把年纪了，他才初初投靠项氏，成了项羽日后独一无二的大谋臣。七十几岁的范老头，若非后来被陈平离间，若还一直待在项羽底下，那么，刘邦真要扳倒项羽，恐怕还不容易呢！此外，秦末还有个郦食其，在陈留县高阳那小地方，穿着一袭儒服，想拜谒沛公，闻听沛公不见儒生，这六十几岁的郦老头，只两眼怒瞪，按着剑，对使者厉声呵斥，"走！复入言沛公：吾高阳酒徒也，非儒人也！"

好一个郦老头！当初，他在高阳当里监门吏，职位卑微；可全县上下，却从没个人敢使唤他。迨天下兵起，途经高阳的各路英雄，来来往往，络绎不绝；郦老头一个个打量，又一个个摇头。独独沛公，郦食其一眼看出，此人尽管轻慢，可心量气度，却大非寻常；若套句郦老头的话说，"沛公慢而易人，多大略（足智多谋而有大见识），此真吾所愿从游"。

既要从游，就得求见；结果，郦老头厉声一喝，果然如愿见了沛公。可才入谒，却只看到刘邦倨坐床上，满脸吊儿郎当，正让两名女子洗脚呢！郦老头一看，"长揖不拜"，接着，又正色言道：足下若想成就大事，"诛无道秦"，那么，就"不宜倨见长者"！

呵！你瞧，在怀王口里"宽大长者"的沛公面前，这回，郦老头也自居"长者"呢！当然，郦食其比刘邦大十来岁，但是，这绝非重点；真正的重点，应在于他对刘邦所说的，"吾度（揣度，判断）足下之智不如吾，勇又不如吾"；换句话说，比起刘邦，郦食其自认更"智勇双全"，而这，才是他自居"长者"的根本理由。

因此，所谓"长者"，从来就不只是年纪大。事实上，当初被推为沛令时，刘邦的老父（《史记》称之为"太公"）犹然健在；东阳少年拥戴为王时，陈婴的老母也还头脑极其清晰；他们这两个当儿子的，年纪又哪能多大？他们之所以被称"长者"，除了年纪的确不轻之外，更在于他们身上具有年长之人该有的"美德"。这种"美德"，比如是刘邦的"宽大豁达"、陈婴的"忠信恭谨"、郦食其自诩的"智勇双全"，或者，也比如是姜太公、范增那种高瞻远瞩与深谋远虑。

换句话说，所谓"长者"，其实是一个生命圆熟之后，凭其丰富的阅历，借其深远的智慧，于是淬炼出一种特殊的人格质地。这样的质地，有种特殊的分量，有种慑服的力道，可让人由衷地敬佩，也使人魂魄为之震动。有了这种质地，"长者"因此有种尊贵，可以服人，可以养人，可以与世人相知相悦；也正因如此，"长者"可以为长，可以为王，可以打得了天下。

"长者"的一生，是开了好花，又结了好果。他们在年长之后，生命逐渐积淀，于是有种丰厚；他们在年长之后，生命逐渐通透，于是更有种明亮。他们越是年老，就越见风华。正因如此，中国一向是个长寿的民族，中国人也特别懂得敬重长者。就单单前头这几个"长者"，你瞧那精神！瞧着瞧着，我们当然欣羡，也当然向往，然而，在佩服的当下，可否也有一问：来日，我们会成得了如此风华又如此精神的"长者"吗？

闲人

十八岁时，我因重重困惑，莫得其解，遂在忧深郁结之下，休学半年。那半年，除了睡觉、抱抱小孩、海边散步之外，实在也没做几桩"正经事"。三十四岁，我教书九年，因身心不调，请假半年；只是四处走走看看，也没啥名目。三十七岁，一辈子没跟随过什么老师的我，成了林谷芳先生门人，重新虚心当个小学生，请假一年。四十二岁，辞职，从此生命转了个大弯。

我中年辞掉教职，没退休金，也没离职金。放弃颇称优渥的待遇，放弃来日可观的退休金，我倒不觉得太过可惜；但是，"裸辞"后的头一年，面对家中妻小，面对还拿不准的行止，心中依然颇感压力。第二年之后，情势渐渐稳定，我心头才踏实了些，总算将两株悬念许久却始终没那心情的梅花给种了。而今，梅树抽枝发芽，绿叶欣欣，我依然常住在池上乡下，不时闲步游荡；乡民见我貌似无所事事，多问是否已然退休，我笑着说，还早呢！

去年秋日，我到台北，和几个编辑吃饭。座中有位出版社总编，聊起我辞职后这些年，或许可将个中心境与生活种种，写成一书，以供越来越多的退休人士参考。我笑着言道，辞职和退休是两码子事，很不一样的。而且，我的情形，其实特殊，真能给人参考的，恐怕也不多。结果，又隔数月，北京有位老弟也刚辞掉一个有些分量的职务，来信慨叹，若非海峡阻隔，否则，挺希望找我谈谈。不知是否相关，也不知是否切题，这响，我读《史记》，遂特别留意起几位跃上历史舞台前近乎无所事事的"闲人"；看看他们，或许，会更有些意思。

这些"闲人"，譬如陈平、韩信、张良；又譬如，刘邦。当然，后来他们因缘际会，已然叱咤风云、熠熠生辉，早不再是什么"闲人"。但我感兴趣的是，当他们仍闲散度日时，他们都做些什么？更令我好奇的是，如果后来没有那些特殊机缘，他们若一直"闲人"下去，那么，又将如何自处？

这头一个问题，在《史记》里，多少是有答案的。

司马迁是个黄老之徒，方年少，便胸有丘壑；自二十岁起，又行遍中国南北；经历既多，见闻又广，再加上长时间的漫游，因此，很明白生命中的虚实相生与有无相成，也很能够体会生命中宛如山水画留白般的空闲有多么重要。于是，他写人物，格外看重传主未发迹前的生命状态，也擅于勾勒此时的二三逸事。这些事儿，状似无关紧要，却如草蛇灰线般，隐隐约约，呼应着日后的生命轨迹。前后参照，格外能让人谛观生命之起落。

譬如，他写陈平。陈平"少时家贫"，却不事生产；有田三十亩，尽交兄长，只自顾着游学。他兄长倒无怨无悔，咬紧了牙，全力支持，完全放任这相貌堂堂的弟弟不务正业。陈平有谋略，富心计；虽说不务正业，但对往后的发展，却是多方经营，层层铺垫，半点也不含糊。他嫌贫爱富，为了交游花费，独独看中一位富家孙女；即使对方"五嫁而夫辄死"，他也毫不在意，仍然想方设法，定要迎娶进门；娶进门后，从此，果真"赍用益饶，游道日广"。后来陈平承办社祭，将祭肉分配得匀匀妥妥，父老纷纷赞赏，陈平则不禁感慨，"使平得宰天下，亦如是肉矣！"

果然，数十年后，陈平在吕后、文帝两朝为相，天下之事，确实处理得匀匀妥妥、稳稳当当。但是，假若陈平未曾为相，也无有那些风风火火，甚至，压根就从没发迹，只是一如既往，继续在乡里间过活，那么，他又会是何种面目？

想来，陈平应该会过得不错；大概，就是一方豪富吧！毕竟，陈平脑袋灵光，通权达变；对于掌握形势，更尤其在行。他有心机，懂安排；知道如何趋吉避凶，也明白怎么持盈保泰。纵使遭灾遇厄，他善于危机处理，甚至有能耐化危机为转机。陈平又凡事看得透，特别有自知之明，不会无聊到自艾自怨，更不会无趣到自叹自怜；纵使毕生只当个乡绅，虽说可惜了些，但是，日子肯定还是滋滋润润，没啥委屈的。

换成是韩信呢？韩信身处寒微，像个流浪汉，在街上受一群混混侮辱时，他是怎么样的一番心情？后来他"孰视之，俛出胯下，蒲伏"，当然非常人所能为，不容易哪！但是，如果没恰恰遇到秦末那样的风云际会，后来他的发展，恐怕不是大好，那么，就只能是大坏吧！韩信盘盘大才，又自视极高；不仅有壮怀远志，更是极度地自矜自重。只要是高不成，肯定就低不就。如果没遇到深具慧眼、极度赏识他的人，不管走到哪儿，他大概都会才待阵子，就难免摇头叹息，自觉委屈，随时又要走人的。如此韩信，要不一飞冲天，要不就宁可蹲在河边继续钓鱼。河边钓鱼的他，饥肠辘辘，貌似游民，可谁又知这人满腔之抱负与满腹的韬略呢？

如果张良,肯定,又有不同。张良在博浪沙击秦皇帝不中后,隐姓埋名,亡命下邳。下邳这段时候,虽然不无忐忑,但他根本仍是个"闲人"。大概是闲荡已久,早被黄石公"盯上",因此,才会有后来圯上的千古一遇。此遇之后,张良若暂无机缘,大概只会一边关注着天下形势,一边既调身,又调心。他身体不好,得养养。至于外头的世界,他比谁都留心;形势之推移,他也比任何人都明了。至于何时出山,那还得等等机缘,他不急。

刘邦呢?刘邦当"闲人"最久,那晌,都好大年纪了。沛县上上下下、老老少少,一方面觉得刘邦胸襟开阔、气度非常,很有长者风范,另方面又觉得他吊儿郎当、随随便便,老不太正经。刘邦寻常日子里,过得有滋有味,也活得糊里糊涂。有人提起他的某些神奇异能(譬如醉卧时"其上常有龙",譬如隐于山间"所居上常有云气"),自然是得意非常;但听了半天,却没太过当真。他一如既往,仍是天天侃大山,日日说大话;真要说什么胸怀大志,倒是没这习惯。也不知为了啥,他玩意多,常有新花样,每天活得兴味盎然,有点儿像禅宗后来所说的"日日是好日",也有点儿像孔老夫子所言的"不知老之将至"。

当然,他没听过孔子这话,也没这学问。他一向瞧不起那些貌似很有学问之人，尤其讨厌整天掉书袋的穷酸儒生。但是，真遇了事，只要旁人说得入情入理，他头一个就眼睛亮了起来；尤其在节骨眼儿上，别人都还听得懵懂，他却霎时间便全明白了。他不读书，却擅于学习。他看人观事，比谁都眼亮气清。

　　日子一天天过，你若问眼亮气清的刘邦有何打算，他嘿嘿一笑，肯定不太去想。真要说，就是无可无不可吧！面对未来，他没啥规划，也没太多憧憬，但隐约间，却会有种好意。有这样的好意，才会"日日是好日"。

绰绰然，有余地

两千多年前，垓下突围、疾走东城，最后，逃到乌江边的，如果不是项羽，而是刘邦，那么，结果又会如何？我想，乌江亭长若是舣船以待，喘息未定的刘邦，肯定顾不上换气，二话不说，立马便催请开船。万一，这乌江亭长是个项羽粉丝，迟迟不肯渡刘；那么，刘邦大概会使出浑身解数，或劝、或慰，或哄、或骗，如若不然，也可能是或抢、或夺，总之，必定要赶紧渡江不可。渡了江，刘邦既不忧思难遣，也没踌躇不前，反正，只要保住色身，一切好说。胜负乃兵家常事，老实说，他输惯了；输得再惨，也不过，就是一败。一路上，不管逃得多么难堪，刘邦压根没放心上。因为，身段与面子，那是项羽的问题，他没这种困扰。对刘邦而言，人生赤条条而来，赤条条而去；想这么多，其实，是庸人自扰。

　　刘邦平民出身，是个无赖，当然可以赤条条而来、赤条条而去。然而，祖上世代为楚将的项羽，才一出生，他的周遭环境，他的生活气息，便已让身段与面子层层叠叠，都成了生命中不可或缺的一部分。别人可以不在意，可偏偏项羽就万万不能不在意。这样的贵族出身，兼又年少暴得大名，几乎就注定了他最后的结局：垓下突围、疾走东城，到了乌江边，思前想后、踟蹰再三，然后，把自己，活活逼死。

　　是的，性格决定命运。对刘、项而言，迥然有别的出身，不仅决定了他们的性格，更预示了最终的命运。不过，贵族出身，或者说，世家子弟，尽管常常有类似的极难负荷的包袱，可是，这样的背景，真的就只是包袱吗？其实不然。在某些人身上，正因有此背景，反而才更有办法成就某种极独特又极有内蕴的生命特质。

　　譬如谁？
　　张良。
　　一般而言，世家子弟起手便高，他们有家学、有人脉、有资源，因此，容易成名，也容易成就一番事业。这理，大家清楚；个中好处，任谁也都明白。但我要说的，不是这个。

张良的身上，有种生命特质，姑且名之，曰："绰绰然，有余地。"这样的"绰绰然，有余地"，固然与其天资、与其阅历有关，但是，和他的贵族背景、世家身分，更脱离不了干系。

那时，刘邦灭楚，定天下，即皇帝位，开始论功行封。一分封，"群臣争功，岁余功不决"，都一年多了，还搞不定呢！当年封侯，众人吵吵不休，日也争，夜也争，从没个定论。然而，这一群功臣，面对曹参，倒是异口同声，咸以为他"身被七十创，攻城略地，功最多，宜第一"。后来，曹参果然封了平阳侯，至于食邑，则有一万零六百三十户。换言之，万户之侯，大约，就是论功行封的极致吧！

可是，当天下甫定，张良连开口都没有，刘邦倒主动说了，"运筹策帷帐中，决胜千里外，子房功也"，遂要张良"自择齐三万户"，以为食邑。啧啧！在齐地（那可是个富庶之地呀！）随意挑个三万户，那不等于"功最多，宜第一"的曹参的三倍吗？是的，面对如此"浩荡皇恩"，只见张良既不疾，亦不徐，从从容容，言道，"始臣起下邳，与上会留（在留地不期而会），此天以臣授陛下。陛下用臣计，幸而时中。臣愿封留足矣，不敢当三万户"。一席话，说得极温婉谦让，又极情深意重，真真是"绰绰然，有余地"；刘邦听了，当然只能成全他,遂封张良为"留侯"。

食邑三万户,唉,那可是多少功臣连痴心妄想都不敢企及的呀!当时,为了位次、为了食邑多寡,这些平民出身的功臣汲汲营营、纷纷扰扰,或不满,或不服,独独张良身在其中,却像个局外之人。只见他风轻云淡、一片清寂;别人梦寐以求的,他倒是宁可少,不愿多。毕竟,"五世相韩"的贵族出身,张良什么荣华富贵没见过?当年为秦所灭时,他家里,还"家僮三百人"呢!富贵与荣华、功名与利禄,个中的真假,里头的虚实,他岂能不明白?又焉能不清楚?"今以三寸舌,为帝者师,封万户,位列侯,此布衣之极,于良足矣!"如此自谓布衣,当然只是谦称。张良如此谦冲揖让、淡泊宁静,除了他本来就是个异人之外,其实也因贵族出身,故而早早就看过、尝过、经历过人人向往的那些锦绣繁华;正因亲身经历过繁华,又亲眼看见过繁华落尽,于是,在起落之间,他就比谁都从容;在取舍之际,更比谁都"绰绰然,有余地"。

正因如此,同样是舍,同样是退,比起他人,张良也有更多的淡定与安然。譬如,当年范蠡辞别句践,虽说酝酿极久,但真到了时候,却只在刹那之间,便斩断一切情缘,从此万事不管,彻底远走高飞。那样地决绝,那样地不留情面,固然极干净、极利落,却也让越王句践有种被剥光衣服、无所遁形的羞辱感，顿时之间，句践恼羞成怒，原先潜藏的杀心，一下子便喷涌而出，遂公开要范蠡立即回返，"孤将与子分国而有之"，他更想说的话，则在后头，"不然，将加诛于子！"

相较而言，张良却是不同。刘邦虽然也杀功臣，可他与张良之间，从头到尾，却啥问题都没有；但见君臣二人，多有揖让，始终宛若宾主，一团和气哪！于是，张良即使功成身退，也不给人压力，更不让人紧张；他只是不居功，只是谦冲淡泊，然后以一种若有似无、似无还有的姿态自自然然地淡出。早先，在扶汉兴刘时，张良就举止安详；所有的作为，大化无形，宛若春雨润物一般，悄然无声。而后，待要幡然转身时，张良安详如故；即使挥手告别，也是既无风雨亦无晴，果真，一派天清地宁。

这天清地宁的张良，因家世显赫，自幼起，见识所及，不论王公贵族，抑或奇人异士，所阅多矣。所阅既多，加上天资过人，因此，当年留地一会，张良凭其不世出的穿透力，一眼便看出刘邦的天才丰姿（"沛公殆天授！"），当下，更清楚刘邦的性格与为人。他很明白，今日刘邦，与当年句践，其实不同；来日他要功成身退，也完全不必像范蠡那般激烈、那般剑拔弩张。

张良的从容，也得力于他们家"五世相韩"的特殊背景。众所周知，战国后期是个秩序陵夷、封建崩解的时代。在这样的时代，张良父祖能如此长期为相（先后经历了韩昭侯、韩宣惠王、韩襄哀王、韩釐王、韩悼惠王五个君主），显然，必深谙君臣相与之道，否则，焉能久居此位？事实上，这君臣相与之道，或许才是张良最深刻也最具分量的家学渊源吧！比起他人，张良很早就明白，不管为君，或是为臣，双方总有其限制，亦各有其难处。这些限制与难处，从小他听多了，也看多了；因此，世家子弟的他，通透于世情，出入于人我；因此，聪明的他，对种种人性的幽微有着最如实的观照（所以，极温婉谦让）与最细致的体谅（所以，极情深意重）。他很清楚，为臣子者，若整天眼巴巴地期待主上圣明、廓然无私，这固然幼稚；可若一直揣想着国君如何狡诈阴险、凶狠残酷，竟日把"狡兔死，走狗烹"这样的话儿挂在嘴边，其实，也不切实际。事实上，君有君道，臣有臣道，"为君不易，为臣难"，只有如实体会到彼此的限制与相互的难处，才可能真正不忮不求、不亢不卑，也才可能在进退之间"绰绰然，有余地"。这样的余地，既可留给对方，更是留给自己。

　　作为一个明白人，张良永远身在其中，也永远像个局外之人；他像是置身局外，却又最能掌握全局。他为人臣，最知君；他贵族出身，可又比谁都看得出平民出身的刘邦的能耐；他有着世家子弟最好的生命质地，却也比谁都更能欣赏那种赤条条来去的无赖的强大生命力。如此张良，其眼力、其能耐、其气度，又岂止"运筹帷幄中，决胜千里外"这寥寥数言便能说道得尽？

一棒打响历史

张良的故事，大家都熟。但是，当我读到《留侯世家》里的三个字，眼睛仍为之一亮。

"欲殴之"。

作为王者师，张良运筹于帷幄间，一派气定神闲；助刘邦得天下后，又功成身退，从赤松子游，学辟谷、习导引术；那进退间的从容，令人遥想不尽呀！除了回身转圜那优雅的身影，司马迁在《留侯世家》的文末，还特别提到张良长得秀气，"状貌如妇人好女"。凡此种种，张良似乎都该是个清雅淡定、没啥火气的才是。

孰知，年轻时的张良，却实实地不然。他不仅不淡定，压根就血气汹涌。当年，秦才灭韩，尽管家中有僮仆三百，张良在心激气切之际，甚至"弟死不葬"；为了国仇家恨，他散尽千金，"悉以家财求客，刺秦王"。

最后，觅得了力士，遂在博浪沙一地，以沉沉铁椎，奋力一掷，狙击秦王。这一击，虽说误中副车，功亏一篑，但两千多年来，为之震动的，又岂止当年秦皇？

事败后，血气汹汹的张良惊魂未定，急急亡命，遂改名易姓，避居于下邳。亡命之后，这五世相韩的世家子弟，脾气依然改变无多；于是，那日闲步，遇一老者，因其无礼太过，一时愕然，颇觉愤怒，便动念出手，"欲殴之"。张良"欲殴"的这老者，大家都清楚，正是黄石公。

因黄石公，张良这一生，于是翻转。翻转的关键，不在于黄石公授以太公兵法，而在于黄石公狠狠赏了他一棒。从故意丢鞋，再轻蔑地让张良去捡，再倨傲地唤他穿鞋，这一个个动作，等于是一棒棒落下，就端看"孺子"张良接不接得起。若接得了，那是张良的造化；若接不了，那也只能拉倒。张良本是个心激气切甚至是心高气傲的公子哥儿，见黄石公如此行状，一开始，难免就心生不满、为之愕然，遂本能地"欲殴之"。但是，也算天幸吧！就在这恰恰一击里，张良忽地心念一转，暂且隐忍，勉强地"长跪履之"。就在这"孺子"张良"长跪履之"后，黄石公只一脸怡然，"以足受，笑而去"。张良望着那含笑的身影，半晌，忽地一怔，像是开了天眼，顿觉可异，不由地心头一惊。这一惊，不仅惊开了聪明,更惊破了原有的执念,于是,接下来连续三次的五日一约,不管黄石公再如何蛮横发怒,再如何"蓄意刁难",聪明如张良,肯定,都要虚心受此一棒了。

黄石公这一棒,是扶强不扶弱。施棒,是强者;受棒,更是强者。施棒不易,受棒难。张良的心激气切,张良的世家包袱,他种种的习气与执着,若能受此一棒,进而一棒打杀,那么,才可能从此彻底翻转,读太公兵法也才庶几有益。若是无此一转,兵法读得再多、再认真,其实,也都枉然。

黄石公与张良,两人高手过招,一个愿打,一个愿挨,遂一棒打响了历史。历史上,如此地铿然有响,更早前,还有老子赏孔子一棒。

孔子幼年丧父,身世也远远不及张良,"吾少也贱,故多能鄙事",一般世家子弟的包袱,他身上是没有的。但是,孔子的问题在于,他天资太好,过于早慧,素来又以"年少好礼"闻名。于是,孔子年纪轻轻,便多有徒众;年纪轻轻,也就以师位自居。后儒标举孔子,总将他说成是天纵之圣,像是个天生无瑕、从不犯错之人。殊不知,如此年少成名,就难免有异化之虞;太早备受尊崇,更难免会有不自知的"我慢"。年轻时代的孔子,意气风发,的确就颇有些贡高我慢的。正因有此

"我慢",才会有后来老子这一棒!

那回,孔子适周,问礼于老子。说是问礼,其实就是问道。既是问道,老子当然要实话实说;而且,这回孔子主动求问,等于是自投罗网,嘿嘿,老子就不必客气了。于是,对着眼前这人,他便结结实实,一棒打去,"聪明深察而近于死者,好议人者也;博辩广大危其身者,发人之恶者也"。从老子这话看来,年轻的孔子,肯定好学深思、才华洋溢;但是,也正因才情太多,遂为才情所累。孔子聪明外露,好发议论;孔子博闻强记,言词锋利;言词议论所及,鲜少有人能挡。正因有此能耐,且又自居师位,难免就我执甚深,稍不小心,就会以讦为直;年轻的他,看似一脸正气,实则心中多有傲慢,更不乏争强好胜之心。于是,老子挑明着对他言道,"去子之骄气与多欲!"所有的习气与执着,当去则去;所有的才情与聪明,也当藏则藏;锋芒毕露,并非好事,"良贾深藏若虚;君子盛德,容貌若愚",好自为之吧!

寥寥数言,却句句直指核心;老子这一棒,出手极重,打得孔子几乎步伐踉跄;后来,《庄子·天运篇》便说,"孔子见老聃归,三日不谈";整整三天,五脏六腑,都还震动着,完全说不出话呢!庄子这段记载,真假不论;但能将孔子写得如此实诚,就比那些成日歌诵孔子的后儒，都更像是孔子的知心之人。

我喜欢这样的孔子，有弱点、会犯错，有时，还可能步伐踉跄。一如晚年的他，偶尔还动念"乘桴浮于海""欲居九夷"；如此孔子，不时都可能动摇的。然而，虽说会动摇、会丧气，但才隔半晌，定一定神，重整旗鼓，又比早先更有精神、更有气力，这就非常的好。我相信孔子年轻时的确"骄气与多欲"，但我更心仪他后来的层层翻转。圣人之伟大，不在于绝无过错，而在于"过则勿惮改"；孔子之了不起，也不因他是"天纵之圣"，而在于他翻转的诚意与能耐。

我总觉得，孔子问道于老子，是他一生至大的转折点。其关键、其紧要，几乎就等同于张良遇见了黄石老人。正因如此，汉代有些壁画，就以此为题材。《史记》里的《孔子世家》，于此更着墨甚深。这不仅是司马迁的大见识，其实也是汉代士人的集体意识。反倒后世儒者，多半避而不谈，这就可惜了。毕竟，施棒不易，受棒难。施棒之人，固然强者；虚心受棒者，才更是狠角色。老子云，"胜人者有力，自胜者强"；历史上，从来不缺乏"胜人"的有力者，但真能"自胜"的强者，却实实不多见。孔子也好，张良也罢，正因能够"自胜"，生命才从此强大；当年，他们受得起这一棒，来日，便能将历史打得铮铮有响。

其犹龙耶？

中国人好龙，尤其黄老。

大家知道，黄是黄帝，老是老子。黄帝多有龙之精神与力道，至于老子，则多似龙的似隐还现。

先说黄帝。黄帝一生开疆辟土，阳气灼灼，"迁徙往来无常处，以师兵为营卫"，所到之处，东至于海、西至空桐、南至于江、北逐荤粥。他的行动力如此之大，兼又制作各种器物，确立了中华文明宏阔的规模，内外并举，纲维并张，可真是精神满满！今日华夏子孙以黄帝为始祖，岂偶然哉？

黄帝如此饱满的精神，到了老子，便开始更多地藏着、掖着，和光同尘，如愚如鲁，绝不轻言外露。老子这一藏，含之蓄之，"绵绵若存"，既可长，又可久。含藏一久，蕴积便深，遂只待机而后动。因此，黄老之徒多知"机",平时示人以柔弱,(看来似乎有些"阴险"呢,呵呵!)"大直若屈,大巧若拙",凡事隐隐约约,似有若无。但凡一出手,却往往命中要害、一击必杀。既已出手,旋即又藏锋隐锐,若无其事,最后一切复归寂然,空留一段故事供世人或狐疑,或嗟叹,或寻常日子里有番渔樵闲话罢了。这样地神光离合、乍阴乍阳,若用最具体也最形象的字眼形容,那么,就该是孔子所感慨的,"吾今日见老子,其犹龙耶?"

是的,老子这样的形象,在数百年后,张良圯上偶遇的黄石老人,于司马迁的妙笔之下,忽隐乍现,见首不见尾,不正也是"其犹龙耶?"当然,如此地无以名状、难以捉摸,免不了要引来某些"认真"的文人学者的不以为然。譬如,清代的袁枚便曾批评,司马迁写的是"虚诞飘忽之文";日本也有个学者中井积德,则是替后世读者抱屈,说大家"皆受留侯之诳也"。

他们如此说法,似乎也言之成理。不过,他们岂知,以中国人之好龙,大家看这"虚诞飘忽"、大化无形的黄石公,恐怕,才更有趣呢!

事实上,对于"有无之间""色空之际"早有妙悟的华夏文明而言,黄石公这样的若有若无,正是最大的真实。譬如孔子说,"敬鬼神而远之",又说,"祭神如神在";这个"如"字,似有若无,说得最好。孔子当然不赞成迷信，却也绝非所谓无神论者。孔子一生，极重祭祀；中国的祭祀，似宗教，非宗教；所以，古人大多信仰虔敬，却鲜少宗教狂热；既不虚无，又不犯傻。这就是受益于祭祀的那个"如"字。

正因深契"如"字三昧，故孔子也自诩"无可无不可"。这样的"无可无不可"，就直通于黄老。有此相通，比起后世儒者，孔子自然是深闳壮阔、气象万千；也因有此相通，所以孔子要不远千里问道于老子，佩服之余，还忍不住赞叹，老子犹龙。

凡黄老，皆好龙。后代有位黄老之徒，把龙的升隐自如说得极好，"龙能大能小，能升能隐。大则兴云吐雾，小则隐介藏形；升则飞腾于宇宙之间，隐则潜伏于波涛之内"；这说的，当然不仅是龙，更也是曹操自身。而这般绰绰乎乍隐似现之中，除了曹孟德，另一位高卧隆中、未出山前人称"卧龙先生"的诸葛亮，那还需要说吗？

遥想当日，刘备初见卧龙，草堂上，但见孔明"头戴纶巾，身披鹤氅，飘飘然有神仙之概"；而今，京剧的舞台里，孔明仍一径地气定神闲，也还穿着那么一袭道袍。如此神仙气概，固然与张良学辟谷、习导引术，欲"从赤松子游"的身影极为相仿，但卧龙先生未出茅庐，单单隆中一对便策定天下三分之本领，更与张良"运筹帷幄之中,制胜于无形"的能耐,同属黄老之徒的补天身手。至于孔明当年身未升腾、便思退步的襟怀,与张良深谙"功遂身退"、回身转圜间无比之从容,则更是黄老的真正本色。

那时,刘备三顾茅庐,且苦苦相劝,乃至于泪沾袍袖,衣襟尽湿,诸葛亮感此诚意,遂慨然出山相助。出山时,这头一件,便先嘱咐其弟"可躬耕于此,勿得荒芜田亩;待我功成之日,即当归隐"。是的,身未升腾思退步。只可惜,淡泊宁静如孔明,终究未能如愿呀!可叹他生不逢时,彼时彼刻,汉室气数早已殆尽;努力再多,不过都是知其不可而为之,尽尽人事罢了!孔明所事之刘备,虽说一代雄主,气度不凡;但就一个王者而言,仍稍嫌苦心太多、经营太甚;不仅少了些强敌曹操的跌宕自喜,更缺乏先祖刘邦那无可无不可的天才丰姿。王风有此不足,便终究难竟大事。至于刘备白帝城托孤,孔明万不得已,只好鞠躬尽瘁,死而后已,终至"星落秋风五丈原",那已是后话了。

相较而言,张良毋宁是幸运多了。在出山前,步游下邳,能在圯上与黄石老人相遇,一幸也;起事后,前往留城的路上,又碰到了刘邦,二幸也;迨死后数十载,再得司马迁立传,此三幸也。

请分别言之。

一般说来，黄老之徒少有师承，可张良偏偏却遇见了黄石公。这一遇，重点不在于黄石公授以一册太公兵法。真要说兵法，其实俯拾即是；古代书籍虽不普遍，但凭张良的家世背景，弄本兵书，想必不难。本来，"人能弘道，非道弘人"，关键不在于书，是在人。黄石公几次"蓄意刁难"，乍然惊醒了孺子张良，恍惚中，张良憬然有悟，生命遂从此翻转。这一点拨，大化无形，果真是黄老的绝妙身手！张良与黄石公几番交手（当然也是几次受教），不仅性情从此转变，更亲眼见到一个乍隐忽现、"其犹龙耶"的真正高人。那天子夜，黄石公将书交给张良，做番预言，然后，"遂去，无他言"，从此，"不复见"。黄石公这幡然转身、飘然而去的身影，不正是对张良最深的教诲与最大的示现吗？

十年后，张良起事。在投奔景驹的途中，无意间，遇着了刘邦。这一遇，张良就再也没去见景驹，从此，便跟随了刘邦。刘邦的形象，一向不好；大多数的读书人，初逢乍见，总觉得他是个"无赖"，很不屑的；尤其"狷介"之士，更痛恨他的轻慢无礼。然而，张良岂是寻常？眼力又何止一般？凭着不世出的穿透力，他一眼看出，刘邦的吊儿郎当，其实蕴藏着连他自己也未必察觉的丰沛元气；而散漫不经的外表下，骨子里更有着荦荦独绝的饱满精神。尤其几次的临机决断，都让张良对刘邦的天才丰姿惊讶不已，不禁叹息，"沛公殆天授！"

同样地，刘邦看张良，也完全是另具只眼。刘邦一向好狎侮人，对啥人都随随便便，又忒爱四处谩骂。不管是对部属，或来客，尤其是儒生文士，他都一贯地轻慢无礼。萧何就曾说，刘邦即使"拜大将"，也"如呼小儿"。但如此刘邦，自始至终，却一直对张良礼敬有加，不敢恣侮，此诚异事也。

这缘由，固然是张良计谋过人、言必有中，又屡助刘邦于危难。但张良那举重若轻、经营天下如行于无事的精神气度，恐怕，才更让刘邦心折。最要紧的是，在刘邦眼里，张良始终有种极特殊的身影。张良平日多病，又"状貌如妇人好女"，总似真若假、似假还真地示人以柔弱。且他随时随地，似乎都可以不动声色地幡然转身，随即飘然引去，正如当年沉沉夜色中黄石公蓦然而现、忽又杳然而去一般。依刘邦看来，凡事不粘不滞、若即若离的张良，在出入之间、隐现之际，的确是自如的。因此，张良虽位属臣下，却实如客卿；他们君臣二人，更像是宾主历然。二人既旗鼓相当，且又相得益彰；有此一遇，实乃奇缘。刘邦游于天人，是民间戏文常说的"真龙天子"；张良则时时透着仙气，更像京剧里鲁肃赞叹卧龙所说的"真乃神人也！"刘邦遇着了张良，总算才见识到真正的高人，焉敢稍有怠慢？而张良见到了刘邦，也才有机缘腾空而上，宛如游龙般地在云雾里升隐自如了。

数十年后，何其有幸，又有个黄老之徒司马迁把他们一一写入了《史记》。司马迁笔下的黄石公，似真若假，一片迷离；书中的刘邦，则让人喜怒难定，爱憎未明；至于《留侯世家》，也在一片氤氲之气、仿佛云雾缭绕之中，令千载之后的读史之人，不仅缅想不尽，更在恍惚之间，憬然有悟。是的，千言万语，横说竖说，要的，正是如此一悟。黄老教人，正如黄石公点拨张良，不重言教，也鲜少直接说理，要的，是如人饮水，冷暖自知，你得自己一悟。同样地，黄老之徒司马迁写《史记》，笔法如"参驾六龙，游戏云端"，乍看缥缈，也貌似"虚诞飘忽"，但千百年来，却一直最引人入胜，也最益人神思；读者或是狐疑，或是嗟叹，或是寻常日子里闲话一番，但读着读着，突然在无意之间，心领神会，恍若有思，或许，便悟着了些什么。

韩信的姿态

换个人来写《淮阴侯列传》,他会怎么下笔?

太史公写人物,多有闲笔;几桩逸事,寥寥数语,看似与此人"功业"无甚干系,实则却颇有关联。这样的闲笔,一如当年言菊朋评刘宝全唱京韵大鼓,"似在板眼上,似不在板眼上"。数笔寥寥,虚虚实实,既有趣,又传神,文章因此就摇曳生姿。史书写得如此摇曳生姿,司马迁是千古一人。后来的正史,因为官修,该认真处,未必全能较真;不该认真处,却又常板着面孔,故作严谨。譬如让他们写项羽,恐怕就不觉得有必要费笔墨于虞姬与那匹乌骓马。因此,他们不太能优游于虚实,也未必能从容于有无,如此一来,文章便少了些鲜活与生气。好文章是要在若有似无之中,也在离题与扣题之间,让读者恍然有思,忽有醒豁;读着读着,心头顿时清澈了一些，仿佛也明白了些什么。《史记》的文章，便有这样的分量。

我读《淮阴侯列传》，就特别喜欢司马迁写韩信尚未发迹，或者说还没登上历史舞台之前，那些狼狈不堪的事儿。事实上，但凡《史记》里"大"人物的种种不堪狼狈之事，我都爱看。譬如司马迁写《孔子世家》，老子当着面批评孔子，措辞之严厉，简直是两刃相交、无可躲闪；我一看，当下悬念，孔子可要如何应对呀！又后来，孔子遭危受难，落魄至极，"累累若丧家之狗"，自己都还笑了起来！这些"糗事"，《论语》着墨不多，后儒更刻意避而不谈，可惜，这便错过了一个更深刻也更有生气的孔子。

我读书，一向不求甚解；看古人，也一如观我自身。读到这些狼狈不堪时，常不免揣想：换成是我，我还能如此一笑吗？

韩信的情形，倒是迥异于孔子。他未起之时，的确不堪；若比诸同样混迹民间、未"上场"前也老被轻视的刘邦，至少，刘邦好歹还是个亭长，至于韩信，却什么都不是。"贫无行，不得推择为吏，又不能治生商贾"，如此看来，士、农、工、商，韩信竟是全无着落。刘邦"仁而爱人，喜施"，多少都还有些余力帮帮别人；韩信却"常从人寄食饮"，不时得仰仗他人接济。让人接济，并不打紧；历来豪杰未得志时，也常常受助于人；陈平当年未起，就先是仰仗兄长，后又靠着有钱的老婆。相较起来，韩信特殊的是，他在"从人寄食饮"之时，还会"人多厌之"。

这"人多厌之"，乍看之下，是别人嫌他穷，讨厌他白吃白喝；譬如那位南昌亭长之妻早早把饭吃完、存心让韩信扑空的举动，多少，就有此心理。但是，除了这层浅显的原因之外，韩信之所以会"人多厌之"，是不是还有其他的缘由？

于是，《史记》在南昌亭长之妻那事之后，紧接着，又写了两段故事。一是漂母饭信，另一则是胯下之辱。这两桩事，都脍炙人口，也都值得再细细一看。

先说漂母。这漂母，乃慈悲之人。她基于同情，施舍数十日；韩信因此感激，遂言道，来日必将重报。这样的话，其实合情合理，但是，漂母为何丝毫不领情，反倒带着怒气，回头又教训了韩信一顿呢？除了"大丈夫不能自食，吾哀王孙而进食，岂望报乎"这样的理由之外，漂母之所以发怒，是不是在言语之间，韩信有啥地方惹到了她？

再说胯下之辱。这整桩事，存心挑衅的"屠中少年"，当然是个痞子；一旁起哄的那群人，也多是些无聊男子；至于韩信，当下他能"孰视之，俛出胯下，蒲伏",自然非常人所能为,了不起!但令人好奇的是,这件事发生在淮阴,韩信又是淮阴本地人;韩信与这群人,原当识面已久;这群无聊男子看他"不顺眼",也绝非一朝一夕。换言之,韩信遭逢此事,并非纯粹倒霉;若非纯粹倒霉,那么,除了这痞子口中所说的"若虽长大好带刀剑,中情怯耳"(你虽然人高马大又爱带刀带剑,但其实只是个胆小鬼)这很好笑的理由之外,我们不禁仍要一问,韩信到底又有啥地方碍着了他们?

事实上,什么样的人,就会遇到什么样的事。偶尔遇遇,当然可能是时运不济,倒霉罢了!但若一而再、再而三,显然就与此人的人格特质脱离不了干系。司马迁连写这三件事:"人多厌之",感激人还遭怒骂,走在路上痞子也看他不惯,如此韩信,除了倒霉透顶之外,是不是可能哪儿也出了问题?

我想,问题在于韩信有种特殊的姿态。

这姿态,源于韩信才高。韩信领兵,"多多益善";刘邦也说,"连百万之军,战必胜,攻必取,吾不如韩信";这样的军事天分,不只因韩信气吞山河、喑哑叱咤,更缘于韩信对客观形势有着惊人的判断能力。韩信是个明眼人,头次与刘邦深谈,分析项、刘长短,便句句命中要害,既精准,又深刻;他也明确指出,只要刘邦出兵关中,三秦必"可传檄而定也"。(后来证明,千真万确。)一席话,说得入情入理,也说得刘邦豁然开朗,心头大喜,"自以为得信晚"。刘邦也因此明白,当初萧何力荐韩信,说他是"国士无双",果然,半点不假。

这"国士无双"的韩信,不仅才高,更素怀大志。韩信那特殊的姿态,更根柢的原因,正缘于他迥异于常人的壮怀远志。《史记》说韩信,"虽为布衣时,其志与众异";尤其在他母亲去世之后,即使穷得无力办理丧葬,韩信仍一心一意,必要找个又高又宽敞的坟地,好让来日坟旁容得下万户人家。为此,司马迁特地探视了韩母坟地;一看,果真如此。

换言之,韩信的"鸿鹄之志",其实早已昭然。他的盘盘大才,再加上志比天高,使得他即使寒微、即使落魄,都有着迥异于常人的自矜与自重。这样的自矜自重,遂成了他未起之时那极特殊的姿态。于是,当他"从人寄食饮",当他高言来日重报漂母,当他路上遇见那群痞子,很轻易,也很自然地,就流露出他那异于寻常的姿态。彼时彼刻,如此姿态,当然,非常刺眼。

这样的姿态,认真说来,并非全然不好。事实上,正因有此自矜自重,故他寒微之时,虽说多有狼狈,实则满蓄云雷;又尽管貌似不堪,却也处处留心、多有蕴积。也正因有此无与伦比的自矜自重,故他能忍人所不能忍,"勇于不敢",遂有勇气"俛出胯下,蒲伏"。又幸亏有此姿态,故而当他"坐法当斩,其辈十三人皆已斩"之时,独独韩信仰视高言、倨傲依旧,遂引来滕公"奇其言、壮其貌",最后才能"释而不斩",逃过此劫。更别说后来韩信位居大将,这般睥睨之姿,在引领三军之际,也称得上恰如其分!

但是,人生之事,本来就得失互见、祸福相倚。韩信如此姿态,偶而为之,当然未尝不好;但长此以往,过度当真,那就多有不吉了。未起之时,他的睥睨傲视,招来了"人多厌之";待高居王位,不仅自矜,且更自伐,他一贯的轻蔑姿态,使刘邦多有顾忌,甚至连刘邦的左右,也人人"争欲击之""亟发兵坑竖子耳"。这样的"人多厌之",竟是从头到尾,始终如一呀!

有道是,上山容易下山难。韩信凭其雄才大略,"拔赵帜、立汉帜","不终朝,破赵二十万",转眼间,又平齐、破楚,赫赫功业,真是"名闻海内,威震天下"。然而,才高志大的韩信,终其一生,睥天睨地,目空一切,尽管有绝世之本领,却始终没学会藏锋隐锐,也不知如何持盈保泰,到了关键时刻,更没有能力幡然转身。于是,当他被执受贬,从楚王的高位掉落至淮阴侯时,便开始"日夜怨望,居常鞅鞅(怏怏不乐）"，不时还以和周勃、灌婴等人同列为耻。当他既"怨望"又"鞅鞅"，却仍然维持着刺眼的姿态时，那么，最终的结局，就大势底定了。

是的，上山容易下山难。上山倚靠的，是才情与志气；下山凭借的，则是智慧与心量。才情极高者，稍不小心，常常就被自己的才情给紧紧束缚；志气极大者，若无自觉，也不时要被自己的雄心大志给逼得无力转圜。才情与志气，可以是资粮，但也可以是最沉重的负荷。韩信是个明眼人，可从来都没看清自己。他判断客观形势，一向目光如炬；但一旦要回望自身，却总被自己傲岸的姿态阻挡得只剩一片阴影。

我读《淮阴侯列传》，偶尔会想起自己年轻时。那晌，压根就没啥才情，可却老爱摆出傲视群伦的姿态。尤其读大学时，算得上是个不折不扣的愤青，动辄看这不惯、看那不起。待多年之后，我稍稍有了些自知之明，也总算清楚了自己的底细与斤两，这时，回头一望，看着当年莫名其妙的自矜与自伐，虽说可笑，但也不免心惊。于是，我重读《史记》，再仔细看了《淮阴侯列传》，这时，我所读到的，又岂止是韩信的姿态？

韩信之死

蜀后主建兴五年，诸葛亮屯兵汉中，尔后七载，数度北伐，欲取关中，可不管怎么努力，却终告失败。然而，就在那四百年之前，同样从汉中取关中，刘邦一出兵，才数月，几乎不费吹灰之力，便轻易底定全局。任谁都知道，诸葛亮乃不世出的"天下奇才"（对手司马懿的评语）；如此"天下奇才"，用尽七年的漫长岁月，都完成不了这桩事，可那无赖刘邦，却一下子忽地就搞定了，你说，这怪不怪？！

这"怪事"的关键，当然在于刘邦；此外，还有韩信。

当初，项羽因忌惮刘邦，不顾约定，径封关中给三个秦降将；至于楚怀王早先的承诺"先入定关中者王之"，项羽则掰了个说词，硬将刘邦从关中改封至巴、蜀、汉中之地。刘邦挨了这记闷棍,无可如何,又不能发作,只好郁郁地前往汉中赴任。到了汉中,因萧何力荐,遂拜韩信为大将。拜将礼毕,汉王问策于韩信。韩信于是剖析了项羽的"匹夫之勇"与"妇人之仁",进而指出,项羽"名虽为霸,实失天下心",尽管眼前不可一世,可事实上,"其强易弱"。反观刘邦,因先前入关中的秋毫无犯、不惊不扰,早已尽得民心,因此,"大王失职入汉中,秦民无不恨者";韩信于是断言,在此形势下,只要"大王举而东(其实是北),三秦可传檄而定也"。

一席话,说得汉王豁然开朗、茅塞顿开,真可谓,一语惊醒梦中人。于是,刘邦采韩信之策,部署北伐。不多久,韩信"明修栈道,暗度陈仓",率兵进入关中。短短数月内,便将偌大的三秦之地,全数扫平;果真是,"传檄而定也"。

因早先刘邦的基业,再加韩信的擘划,他君臣二人,轻轻松松,便完成了日后诸葛亮穷七年之力都办不到的事。然而,从汉中入关中,也不过是他君臣盖世功业的起点。

不多久,韩信衔汉王之命,先渡河击魏,再转攻赵国,以区区数万人,背水一战,"拔赵帜、立汉帜",大破赵军二十万,从此,"名闻海内,威震天下"。在此威名之下，韩信又遣使赴燕，果然，燕王慑于兵势，"从风而靡"，不战自降。再数月，汉王兵败，驰入赵壁，尽夺韩信军。同时，又令韩信纠合零散的赵兵，东击齐国。于是，韩信率领一群乌合之众，鼓行而东，不久，摇身一变，却变成了堂堂之阵；才入齐境，便攻陷齐都，最后，又大败齐、楚联军二十万，先杀楚将龙且，后掳齐王田广。于是，齐境全平。

平齐之后，韩信真可谓"功无二于天下"。一方面，他"功盖天下"；可另一方面，他也"勇略震主"。自底定秦地以来，韩信花了两年时间，接连着灭魏、破赵、平燕，最后，又以寡击众、以弱取强，轻易就打下了雄峙东方的齐国。如此功绩，岂止是三分天下有其一？事实上，韩、赵、魏、齐、楚、燕、秦，堂堂七国之中，单单韩信所取，竟达五国！如此"战必胜、攻必取"的煌煌勋业，即使不是旷世未有，至少也是震古烁今了。然而，正当如此迅速攀上顶峰，又如此暴得大名之际，正如老子所说的，"祸兮福之所倚，福兮祸之所伏"，这时，韩信就多有不祥了。

不祥，当然来自于刘邦；不祥，亦来自于整个形势；不祥，其实更来自于韩信自身。

先说刘邦。

刘邦重用韩信，随时也提防着韩信；这是当然。韩信功绩越高,刘邦疑忌也越深,此亦必然。重用与提防,功绩与疑忌,本一体两面,相生而相成。后世读者,但凡论及韩信之死,总一面倒地为其喊冤。韩信之冤,大体没错;刘邦有错,亦是实情;世人同情弱者,更是美德。不过,若因此一味地鄙夷刘邦,那么,即使不是昧于事实,至少,也是流于情绪。事实上,若真要不提防、不疑忌,除非刘邦是个不思不想、没心没计的傻愣子,又除非韩信是个深沉的智者或是修道之人。可惜,刘邦既不可能是个傻愣子,韩信也确实没有张良般的智慧与进退之间的"绰绰然,有余地"。于是,早在当年韩信破魏,汉王便"辄使人收其精兵";也于是,刘邦兵败驰入赵壁,急急就要尽夺韩信军;又于是,项羽才兵败垓下,一自刎,刘邦又马上转入齐王壁,袭夺了韩信大军;再于是,刘邦甫即皇帝位,头一桩事,便是把韩信从极紧要的齐地给调离开,再转徙为楚王。不多久,刘邦又因有人上书举告楚王谋反,欲击韩信,可自忖,"兵不如楚精",将又不及韩信,遂采陈平之计,"伪游云梦,会诸侯于陈",果然,韩信来谒,刘邦遂令武士缚执之。这下子,刘邦心中最大的一块石头,总算落下,因此,"是日,大赦天下"。

再说客观形势。

韩信平齐之后,原本楚汉相争、双雄对峙的局面,幡然巨变。从此，韩信不仅自立齐王，更轻易就可左右全局。在此形势下，开始有人劝他、有人盼他，有人怂恿他、有人蛊惑他，有人拉拢、有人吹捧。这些人，或劝他联楚抗汉，或盼他自成局面；但总而言之，这一波波的声音，都共同指向：韩信反汉。老实说，自韩信平齐以后，类似的声音，恐怕就再也没停过了！其中，单单《史记》所载，详详细细就记了三番两次。头一次，是武涉。那时，龙且新败，项羽不仅顿失大将，更成受围之势；震恐之余，遂遣武涉往说韩信。武涉强调，依眼下形势，韩信"右投则汉王胜，左投则项王胜"，"二王之事，权在足下"。尽管韩信自认"与汉王为厚交"，一直竭心尽力，以助刘邦，可事实上，"项王今日亡，则次取足下"，一旦项王不存，韩信"终为之（刘邦）所擒也"。因此，若为己谋，若为了长久打算，"何不反汉，与楚连和，参分天下王之？"

结果，韩信才婉谢了武涉，紧接着，又来了蒯通。蒯通乃齐国辩士，是个少见的狠角色。其言语锐利，雄辩滔滔，一字字、一句句，如锐刺、如利刃，俱命中肯綮，更直指核心。蒯通不仅剖析了整个形势，更深触韩信内心的隐微。辞锋所及，将韩信早先的貌似坚定，瞬间瓦解。紧接着，又一而再、再而三，既撩且拨，撩拨得韩信心荡神驰，忽地就局蹐彷徨了起来。蒯通"知天下权在韩信,欲为奇策而感动之",不仅劝韩信"三分天下、鼎足而居",更进一步指出,凭"足下(韩信)之贤圣,有甲兵之众",只要据齐而西,"为百姓请命",不仅"天下风走而响应",即使各路诸侯,也必将"相率而朝于齐矣!"相反地,韩信若是迟疑,不肯反汉,又不敢自立局面,一直屈居于"人臣之位",那么,以韩信"戴震主之威,挟不赏之功",最后,就必然是"归楚,楚人不信;归汉,汉人震恐",如此一来,岂不走向"功成身死"的绝路?聪明如韩信,又岂该自陷险境?

一席话,说得韩信胆战心惊,于是,中心摇摇、莫知何往,顿时间,陷入了空前的长考。几天后,蒯通又见韩信,再次催请速下决断,否则,只要继续犹豫、继续踟蹰,不仅错失了良机,将来更必定取祸。"功者,难成而易败;时者,难得而易失",得失成败,就这一念之间了!蒯通叹息言道,"时乎时,不再来!"

是的,"时乎时,不再来!"

长考了数日,韩信没做成决定;这回,听蒯通再说,也没更加清楚,反倒越发沉重,也越发惶恐!到头来,他终究狐疑,终究下不了决心,也终究无法采纳蒯通的意见。蒯通见他如此游移,深知韩信终将自毁,遂"详(佯)狂为巫",从此远去。尽管如此,蒯通那如锐刺、如利刃的滔滔雄辩,从今往后,都将在韩信的耳畔缭绕着,更在韩信的心头回荡着。蒯通这番话,既撩拨着韩信隐而未显的反意,又刺激着韩信招疑受忌之后的不平之心,最后,更成了韩信不断自我暗示的预言(也可以说是咒语)。于是,虽说蒯通已踪迹杳然,但他的言语,却是日益明晰;他的预测,更一步步兑现成真了。

最后,来谈韩信自身。

韩信不是枭雄,也不是狠心之人。你要他不择手段,他办不到;你要他割恩舍义,他更做不来。因此,真让他辣手辣脚、不顾一切,豁出去造刘邦的反,可真是难上加难!想当年,韩信出身寒微,即使再大的侮辱,再多的委屈,他都不忿、不怒、不抗、不争,多半,就是默默地走开。韩信这么一个良善之人,向来厚道,也向来知恩必报。你看他与漂母"一饭千金"的故事,千古佳话哪!正因如此,韩信始终惦记着,当初他投身项羽,"官不过郎中,位不过执戟",若非汉王骤然授予上将军印,又予数万兵众,焉能有日后的赫赫功业?刘邦的知遇之恩,韩信岂能或忘?因此,不管是武涉,抑或是蒯通,韩信都认真而严肃地告诉他们,"夫(二声)人深亲信我,我倍(同背)之,不祥""汉王遇我甚厚,……吾岂可乡(同向)利背义乎?"

这样的厚道,当然是韩信的美德。事实上,韩信倘使能将这美德做得彻头彻尾,他是可以免其不祥的。可惜,他虽厚道,却不彻底。

不彻底,是因他自矜,也因他自伐。真正的厚道,不仅是"滴水之恩,涌泉以报",更是颜回所说的"无伐善、无施劳";两者相较,前者浅,后者深;前者易,后者难。世间之人,不论施恩,或是受惠,能厚报者众,能不矜者寡;世人总在意自己的付出,也在意自己的辛劳,能让付出与辛劳过了就过了、不反过来成为心中负担的,鲜矣!本来,回报容易,不矜难;唯有不矜不伐,生命才能有种不卑不亢的强大,也才能形成一种厚度,才能抗拒得了外来的种种机心。到头来,即使各方多有算计,即使周围心机重重,如此忠厚者,却能以无心对多心,以不变应万变,最后,仍可吉祥止止。韩信之所以遭遇不祥,正因他少了这种生命的厚度。

不矜者谦,不伐者让;韩信离这样的谦让,其实迢遥。那时,韩信才一平齐,别人视他功高盖世犹可,可他岂该妄自尊大、不顾刘邦感受、急急就自立齐王?刘邦正受围荥阳,十万火急,每天眼巴巴盼着韩信速速来援,岂知,盼呀盼,竟只盼着了一纸请立齐王的书信。刘邦拆了书、读了信,一霎时,眼前尽是韩信不顾主上死活、一径自矜自伐的身影。刘邦心想,这不是趁火打劫,是啥?当下,不禁怒火中烧,直接就想派兵攻打这"乱臣贼子"!

后来,因张良、陈平之谏,刘邦没有鸣鼓攻之,也暂时止住怒火,成全了韩信的齐王之请。紧接着,便有武涉、蒯通等人,相继来说韩信。尽管,在几次的言语之间,韩信对刘邦温情仍旧、感念依然,可是,当武涉、蒯通类似的鼓吹与怂恿三番两次萦绕耳际时,韩信的内心深处,即使没有滋生太多的反意,至少,也大大助长了原有的自矜自伐。事实上,头一次武涉往说,韩信回绝得很是干脆;可到了蒯通,便截然不同了。但见蒯通第一轮说罢,韩信犹能以情深义重的姿态予以婉拒;可到了第二轮说完,韩信却开始沉吟,开始不停地心中翻搅。这一搅,搅得韩信原有的自矜自伐与隐而未显的反逆之心开始混淆、开始不清不楚、开始界限模糊;从此,韩信即使不愿反汉,至少,也想和刘邦分庭抗礼了!

因此,有了固陵之役。

楚汉历经多年鏖兵,到了彼时,皆感不支;双方遂相约以鸿沟为界,中分天下,各自退兵。然而,汉王才准备罢兵,张良却以为不可,言道,此时楚军"兵罢(同疲)食尽",不如趁此良机,继续追击,亡楚必矣。于是,刘邦召韩信等人会师合击,拟一举歼灭楚军。结果，汉兵一路追至固陵，等着韩信来会；可再怎么等候，韩信却按兵不动，不肯如约前往。于是，项羽回击，大破汉兵，刘邦急急退回壁中，"深堑而自守"。

固陵此役，明明已然约定，可直至项羽反攻，韩信却仍不愿出兵，眼睁睁就看着刘邦兵败。这样的举动，刘邦当然气愤，也怀恨在心，更急得跳脚，可是，又莫可奈何。张良倒一眼看出，韩信之坐视不管，与其说是想鼎足而三、坐收渔利，更不如说是趁此要挟、借机勒索。老实说，韩信只不过是展现实力，叫个板罢了！韩信本非枭雄，也没那勇气当枭雄；明着反汉的鼎足而三之举，他做不来。可是，韩信自矜、韩信自伐，韩信以为，他所受的封赏，与他的功高盖世，并不相称。因此，张良清楚，只要开足了价码、封够了土地，那么，也不管约或不约，更不论君臣不君臣，届时，韩信自然会大军齐至、精锐尽出。

果然，刘邦才答应将陈地以东尽封齐王，韩信毫不迟疑，立马便率领三十万大军，浩浩荡荡，与刘邦大会垓下。垓下之役，项王兵败，旋即，乌江自刎。从此，多年的楚汉鏖兵，总算结束；刘邦与韩信的盖世功业，也终于完成。然而，当二人大功告成、正风光得意之际，他们君臣的互信，却早已荡然无存！当初，韩信对武涉言道，汉王"解衣衣我、推食食我"，如此的温情厚意，而今安在？后来，韩信又对蒯通说道，汉王厚恩，理应重报，"衣人之衣者，怀人之忧；食人之食者，死人之事"，说得如此真挚、如此诚恳，可到如今，恩情答报，竟都杳然，剩下的，就只是无限的唏嘘了！

对刘邦而言，甭说什么"怀人之忧""死人之事"，单单自立齐王，那就是个勒索；尤其固陵要挟，那不是忘恩负义，是啥？这两回，刘邦当然愤怒，只是形势所逼，暂时隐忍罢了！而今，天下已定，他总算腾出手来，自然要好好"处理"这不顾君臣之义的家伙！否则，谁知道这自矜自伐的韩信还会如何叫板？尤其，等刘邦百年之后，又有谁镇得住这"功高盖世"的齐王呢？于是，项羽一灭，刘邦便接连着出手了。他先袭夺齐王军，又徙韩信为楚王，接着，再以巡狩为名，"会诸侯于陈"，欲趁韩信来谒，直接把他给抓了。可怜那韩信，初初犹不觉有异；直至高帝快到了陈地，他才意识到凶险，突然惶恐了起来。于是，心慌意乱之余，竟起了冲动，"欲发兵反"。可想了想，"自度无罪"，应该是没事，算了，还是"谒上"去吧！才想罢，停半晌，却又仍然担心被执受擒。于是，就这么欲反欲谒、欲谒欲反，反反复复，游移不定，完全不似他在战场上的果决善断，可是，却完全一如当时蒯通游说的忐忑难安。

忐忑了许久，终于，韩信提着钟离眜的首级，"谒上"去了。钟离眜是项羽的大将，论分量、论骨鲠，除了龙且之外，就数他了。项羽失败后，他亡命在外，最后，投奔素有交情的韩信；韩信也够义气，尽管朝廷下诏拘捕，仍置若罔闻，一直都藏匿着他。可这回，韩信在心慌意乱、反复游移之际，终究拿他好友的头颅来向刘邦示好了。（钟离眜被迫自刭前，大骂韩信："公非长者！"）结果，刘邦看着钟离眜的头颅，既不领情，更无欣喜，也不管韩信是输诚，或示媚，也不论韩信是过卑，或过亢，总之，刘邦完全没理会，直接下令武士，绑了韩信，置于后车，载回洛阳。

回洛阳后，刘邦赦其罪，贬为淮阴侯。换句话说，刘邦没杀韩信。之所以不杀，或许是担心出手过重，易起连锁反应，届时，倘若一帮功臣人人自危，铤而走险，必然于天下不利。也或许刘邦清楚，韩信罪不至死（或者说，只算有错，不算有罪）；这次出手，挫挫他的骄矜、解解他的威胁，也就够了，没必要小题大做。更或许正如韩信始终没真的想反汉一样，其实，刘邦也一直无意置韩信于死地。到了此时，他君臣二人，纵然有了罅裂，纵然失去了互信，可并没有彻底翻脸，也没有完全恩尽情绝。

事实上，如果因这次的挫折，韩信终于有了醒悟，终于有了自知之明，那么，因祸得福，他所有的不祥，是可以从此结束的。刘邦与韩信这君臣一场，纵然有遗憾，却仍瑕不掩瑜。可惜，这君臣佳话，终告破灭；韩信更大的不祥，才刚开始。

所有的不祥，追根究底，总因暗于自知。韩信征战沙场，一向以智取胜；看人观世，也一直目光如炬。可叹的是，这么绝顶聪明之人，眼力所及，遍及四面与八方，独独自己，却怎么也看不清。受执被贬以来，淮阴侯总认为，所有问题的症结，是刘邦"畏恶其能"。他并不清楚，在眼前的形势下，他的自矜，才是个中关键；他的在意己"能"，也才是最大的致命伤。自被拘之后，他只是更加不平、更加不满，他"日夜怨望，居常鞅鞅"，他"羞与绛（周勃）、灌（灌婴）等列"。一回，韩信去了樊哙家里，樊哙执礼甚恭，跪拜迎送；待走出樊府，韩信犹不忘倨傲地言道：真没想到，今日竟会"与哙等为伍"！又一回，刘邦与韩信闲聊，谈起了诸将高下，韩信一时忘情，犹夸夸其言、自矜其能，说刘邦"不过能将十万"，至于自己，则是"多多而益善"！唉，这都什么时候了，还需要逞如此之"能"吗？

是呀！这都什么时候了！韩信岂知，今夕何夕？自秦末大乱、楚汉鏖兵以来，或许韩信已太习惯征战的

第二辑　汉家气象

乱局。在他的眼里，尽管刘邦天下初定，却仍可能如秦帝国般土崩瓦解，更极可能如项羽才一统天下马上又天下皆反。换言之，凭他韩信的本事，若真要反，还不知鹿死谁手呢？！一向精于形势的他，这回，在心绪缭乱之下，倒是彻底走了眼。于是，随着不满的与日俱增，"日夜怨望"又从未稍平，这时，在他心中潜藏的反意，就呼之欲出了。我想，自韩信被贬淮阴侯以来，每回郁郁难解，大概都要蓦然想起蒯通。想起蒯通劝他趁早反汉，想起蒯通"功成身死"的预言，更想起蒯通最后的一声叹息，"时乎时，不再来！"

"时乎时，不再来！"区区这六字，既是提醒，也是咒语；既是撩拨，亦是催眠。结果，蒯通成了韩信眼中的先知，也成了韩信挥之不去的心魔。据《史记》所载，最后，韩信总算下了决心，决定"把握机会"、放手一搏。于是，他与陈豨约定，一个举兵代地，一个起事长安；如此里应外合，大事可望成矣。不多久，陈豨果然起兵，刘邦也率军征代。至于韩信的密谋，却才一开始，便事机泄漏。吕后接获举报，遂与萧何共谋，赚韩信入宫，再令武士缚执之，斩于长乐宫钟室。临斩之前，韩信高声言道："吾悔不用蒯通之计，乃为儿女子所诈，岂非天哉？"

唉！韩信真该悔悟的，又岂是"不用蒯通之计"？

陈平厉害在哪？

以前带学生读《史记》，他们最爱看《陈丞相世家》。因为陈平聪明，而且有趣。

陈平善于权变，知机应机，聪明得不得了。像我这种自幼至长既拙且钝之人，尤其羡慕陈平的种种机智。譬如那回，他从项羽阵营脱逃，渡河之中，船夫见他相貌堂堂，且又一人独行，估计他必是个亡命将领，"腰中当有金玉宝器"，便思谋财害命。陈平意识到凶险，二话不说，便脱下衣服，打了赤膊，"帮"船夫撑船，以示自己的空空如也，瞬间，就将这杀机消弭于无形。

如此机智，或许不算太难，但日后他对吕后的虚与委蛇，就大不容易了。吕后称制，欲立诸吕为王；但群臣意见，却不得不有所顾忌。于是，吕后问右丞相王陵；王陵乃忠厚人，老老实实，直接便答：不可。吕后随即又问了左丞相陈平，陈平则不假思索，曰：可。退朝后，王陵责陈平以大义，陈平便说，"于今面折廷争，臣不如君；夫全社稷、定刘氏之后，君亦不如臣"。陈平非常清楚，此事争不得一时，只可从长计议。果然，王陵旋即迁为太傅，不再受用；陈平则升为右丞相，位居朝廷中心。后来的几年，众臣对于陈平，免不了有些略带微词的"清议谠论"。陈平显然完全不管。他只待吕后一死，便策动了那一班的开国旧臣，杀诸吕、迎文帝，化解汉初最大的一场政治危机，遂有日后的西汉盛世。

除了深谋远虑之外，陈平最擅于一时计谋。特别有名的一回，是刘邦出兵代地，"会天寒，士卒堕指者什二三"，遂受困平城，"为匈奴所围，七日不得食"；危殆之际，最后就靠着陈平的"奇秘之计"，才终于脱困。这"奇秘之计"，难以明言，故史册未载；直至如今，犹多揣测陈平到底用了什么不可告人的手段，还众说纷纭呢！

至于陈平襄助高祖"战胜克敌"，更脍炙人口的，无疑是韩信封齐王一事。那回，韩信刚刚底定齐地，志得意满，遣使请封"假王"（假，暂代也）。刘邦受围于荥阳，形势正当危急，闻听此请，遂破口大骂："吾困于此，旦暮望若（你）来佐我，乃欲自立为王？！"左右一听，知道这会坏了大事，急急忙忙，"蹑汉王足"，附耳上前，寥寥数言，刘邦马上省悟，旋即改口又骂，"大丈夫定诸侯，即为真王耳，何以假为？"

因此一"蹑"，遂有后来韩信的援兵相助；因此一"蹑"，才有日后垓下的十面埋伏，最终，汉王也才成就大业。当时"蹑汉王足"的左右，众所皆知，一则是张良，另一则是陈平。张良与陈平，同是刘邦左右，同为最重要的谋臣，也同样机智不凡，但是，二人的历史形象，却颇有差异。

张良是个黄老之徒，近于仙家。他平日多病，长得如"妇人好女"，还经常示人以柔弱；极聪明，却深藏不露；偶尔出手，总不粘不滞，若即若离，像个无事之人。即使兵马倥偬、权斗危急，他置身其中，仍依然有种出尘离世、随时可飘然隐去的姿态。因此，张良没什么敌人；自始至终，也备受刘邦敬重。汉初功臣多受杀戮，张良则一径地淡泊宁静，不仅安然无事，甚至连遭疑受忌也未曾有过。

至于陈平，同样是黄老之徒，却更近于纵横家。他极具人间烟火；荣华富贵，样样皆爱。年轻时娶妻，不屑贫寒之家；有位富家女，嫁了五回，丈夫皆死，乡里间，没人敢娶，独独陈平，一心一意，定要迎娶入门。陈平长得体面，富家女的祖父就看上这堂堂相貌，才坚持要"下嫁"孙女。陈平不仅光鲜明亮,且又聪明外露,很容易就引人注目。初初一见,许多人便觉得他耀眼,但也不少人看他刺眼。于是,有人赏识他,也有人中伤他。尤其他"大行不顾细谨",不拘拘于世俗的道德标准,亦正亦邪,常常行走于是非善恶边缘,所以,不时都要招谗引谤。

但是,陈平有个好处。作为聪明人,陈平彻头彻尾,是真正的聪明。一般人的聪明,多是半吊子:长于知人,暗于自知。平日谈人论事,总目光如炬,轻易就能说得头头是道。若涉及自己,却总沾事则迷;遇到问题,明明关键在己,但对于自己的某些限制与不足,偏偏就不肯承认,也不愿面对;要不躲闪,要不推诿;越聪明,就越擅长自我开脱,也越擅长找尽说辞、想遍说法,最后,连自己也可以彻底欺瞒。

于是,一旦遇谗受谤,聪明人多半就犯糊涂。他们怨、他们怒;他们愤懑、他们不平;他们忧心忡忡、他们自伤自怜;他们总觉得受了好多好多的委屈。这些聪明人如果够糊涂,常常一辈子都不得解脱;临死前,还一肚子的嗟叹与怨恨;他们回身一望,只觉得毕生酸楚,遗恨无尽。

陈平不然。陈平遇谗受谤时,异常清醒。两千年后,同样的清醒,还有个李鸿章。李鸿章在清末靡艰之际，独撑大局。每回他力挽危局、收拾残局，总有朝臣冷嘲热讽："卖国者秦桧，误国者李鸿章"；更有呶呶不休的"清议"者大骂："汉奸"。李中堂听了，只微微一笑，便踅身回府，又看了他自撰的对联一眼："受尽天下百官气，养就胸中一段春"。

相较而言，陈平处境没有李鸿章艰难，却更有自知之明，也更清楚那些谗言毁谤后头的根本原因。因此，他从不自觉委屈，也从不夸大别人的恶意。因为够清楚，所以，不曾受累于这些流言谗毁。陈平连写对联也不必。

换言之，陈平不会忧谗畏讥。别人的中伤，要不置之不理，要不四两拨千斤，要不就借力使力；总之，伤不了他。于是，当年他大嫂对他恶言恶语，他压根不当回事，反倒这大嫂后来被他兄长赶出了家门。又于是，陈平刚从项羽阵营出奔不久，周勃等近臣看他碍眼，就在刘邦面前颇进谗言；刘邦一听，忙唤陈平当面质问；一席话说罢，但见陈平见招拆招，不仅毫发无伤，反让刘邦更加器重。至于周勃的中伤，陈平既不怨，也不恨，仿佛没此事似的。多年之后，杀诸吕、迎文帝，这历史性一举，还是陈平与周勃，一文一武，两人联手完成的呢！

陈平对于周勃，并非世俗所谓的心存宽恕，也不是什么不念旧恶,事实上,那不过是黄老之徒特有的清楚与明白罢了。人生在世,只要够清楚、够明白,其实就没那么多的事儿,也不必有那么多的宽恕与原谅。陈平就是这么个无事之人,因此,啥事也伤不了他。陈平明白别人,更清楚自己。他视人犹己,也视己如人;谈起自己,有时竟像说别人似的。一回,他说自己"多阴谋,是道家之所禁";接着又说,"吾世即废,亦已矣;终不能复起,以吾多阴祸也!"(在我死后,爵位若是被废,那也只能认了;如果最终依然无法复爵,那正是因为我阴谋太多所造成的遗祸呀!)

  论聪明,陈平的计策谋略,当然不凡;但他能将自己看得清、见得透,那才是更大的本领。人生在世,计策谋略,自然是大有用途;但学会明明白白地看清自己,却才是更要紧的功课。后来,我对学生言道,只要在人事倾轧之中,你动辄伤痕累累;与人发生争执后,心情也久久不能平复;事情过后,又免不了要嗟叹、忍不住要抱怨,这时,再来读读《陈丞相世家》,就会明白,那个伤不了的陈平,到底有多么厉害!

为君难,为臣不易

——刘邦与萧何

汉之所以代楚而兴,在于刘邦善用人,尤其,所谓的"建国三杰"。三人之中,张良是个明白人,萧何则是个老实人。至于韩信,才情超群,诚千年不遇之豪杰也;可惜,论明白,他不如张良;若论老实,则又不及萧何。

来说萧何。

司马迁说萧何素来"恭谨"。是的,萧何一向是个勤恳之人,办事周密,仔细认真,兼又一片耿耿忠心。早在秦代,他任沛县"主吏",就是个模范公务员。刘邦起事后,萧何总揽后勤工作,更是竭心尽力、毫不怠慢;他们君臣二人,一主一从,一前线一后方,可谓合作无间矣。早先,萧何一进关中,啥都不管,便紧盯着那秦律令文书,尽收之;而后,到了汉中,他看准韩信盘盘大才、"国士无双",遂又极力举荐;最后,在楚汉相持未决之际,"丁壮苦军旅,老弱罢转饷"之时,他更镇抚关中、稳稳守住后方,然后再遣军运粮,源源不绝以应刘邦。凡此三事,件件都对汉朝奠定四百年江山影响至深且巨。于是,后来天下一统,朝廷议功,鄂君说萧何所为,乃"万世之功";看似夸大,却是实情。

这样的劳苦功高,刘邦并不吝于答报。刘邦既定天下,论功行封时,便不顾那群征战沙场的功臣的纷纷议论,不仅坚持封萧何为"酇侯",食邑甚多,还一定要让他位次第一;除此之外,又特别恩赐"剑履上殿、入朝不趋",可谓优礼至极了。

如此看来,他君臣二人,似乎是齐心协力;彼此关系,也算是一段佳话。然而,在《萧相国世家》的后头,萧何却有三次的"受疑遭忌"。这三回,到底该如何解读,千百年来,争论极多,也莫衷一是。司马迁在后头这番笔墨,毋宁是整篇《萧相国世家》最引人入胜,也更使人玩味的精彩所在。

话说,这头一回,楚汉双方都还胜负难定,当时,远在前线"冒矢石""暴衣露盖"的刘邦,忽然动念,几番派遣使者回返关中慰问萧何("数使使劳苦丞相")。萧何见了使臣,丝毫不以为意,根本不把此事放在心上;他只是埋着头,继续忙着"漕运给军"这些"正经事"。直至后来,有位鲍生,才提醒了他:汉王如此动作,显然"有疑君心也"。于是,鲍生建议萧何,赶紧派"子孙昆弟能胜兵者悉诣军所"(把家里所有可以从军的后辈子孙统统送到前线),如此一来,"上必益信君"。结果,萧何从之,刘邦大悦。

又隔八年,刘邦已即皇帝位,陈豨起兵,高祖率军征伐。征伐的途中,韩信"谋反"于长安。这时,吕后与萧何共谋,诛杀了淮阴侯韩信;韩信既诛,刘邦大喜,便"使使拜丞相何为相国",加封五千户食邑,不仅如此,还"令卒五百人、一都尉为相国卫"。于是,满朝文武,纷纷来贺,独独有个召平来吊。召平警告萧何,刘邦派兵防卫相府,既防着外头,更防着里头;换言之,这样的举动,看似恩宠,实则是提防萧何,盖深有疑忌也。因此,召平劝萧何"让封勿受",然后再"悉以家私财佐军"。于是,萧何从其计,高帝大悦。

这两回,在刘邦心里,到底疑忌已然多深,其实不得而知。是否真如外表所见,好像是众人皆醉,唯有鲍、召二人独醒?是不是只有他们两位见微知著,精准读出了刘邦的心术呢?但是,不管如何,他们的建议,总之是有助于萧何的;更重要的是,如此建议,的确也吻合了萧何恭谨忠厚的本性。

可是,到了第三回,却彻底不然。那时,韩信死后的来年,黥布反,高帝又率兵击之,路途上,再度"数使使问相国何为";萧何一如既往,仍是闷着头干事,抚循百姓,"悉以所有佐军"。这时,有位"心机深沉"的人士(《史记》只称之为"客",不像前两回明写着鲍生与召平),以耸动的口吻对萧何言道,"君灭族不久矣"(相较此言之劲爆,当初鲍生只说汉王"有疑君心也",召平也只说"祸自此始矣"),理由是,相国镇抚关中十多年,深得民心,直至如今,都仍"孳孳得民和",如此这般,必然使高帝不安,也必然会疑忌相国"倾动关中",所以,才会频频使使来问。萧何一听,当然惶恐,在极度不安之余,便听了该员之计,开始强买田地,开始与民争利,也开始多做些失民心的事儿。结果,刘邦闻之,大喜。

尽管刘邦大喜,萧何也把这"龌龊"事一件件做了,可这回,却是大大地违逆了他的本性。《史记》言道,萧何"置田宅必居穷处,为家不治垣屋",自奉如此俭朴,真让他强夺豪取,真让他贪婪聚敛,怎么做,都别扭极了。而后,刘邦一回到长安,民众便纷纷拦道请愿,指控相国的诉状便一份份呈了上来;刘邦拿着这些诉状,满脸笑意,要萧何自己去向百姓道歉。这时,萧何或许是忍不住了,也或许是自我防卫,更或许只是真情流露,反正,他一时忘情,两三句话,竟又回到他

"爱民如子"的本色，忙不迭地又替百姓请命，请刘邦将上林苑废弃的空地开放耕种，以解决长安百姓耕地不足的问题。

萧何说得如此认真，可这么一请，分明是前后矛盾，完全露了馅。结果，这可恼火了刘邦。刘邦当下大怒，"相国多受贾人财物，乃为请吾苑？！"遂直接将萧何交付廷尉，"械系之"。唉！君臣十多年，相识数十载，这头一回，刘邦如此暴烈地对待他这一向的老同乡、以前的老上司、后来的老臣子，旁人看来，自然会难受，也不免心生疑窦。于是，数日后，有位正直的王卫尉，便问了高帝，"相国何大罪，陛下系之暴也？！"刘邦的答案是，萧何不仅不知"有善归主，有恶自与"，甚至还"自媚于民"，因此才将他"系治之"。王卫尉一听，便正正堂堂地劝高帝不必对相国多疑，毕竟，刘邦拒楚与率军平陈豨、黥布多年，相国倘有非分之想，"当是时，相国守关中，摇足则关以西非陛下有也"，又何必今日再去收买人心呢？相国现今之所以贪夺民利，显然是别有用意，也另有隐情呀！

刘邦听罢，默然不乐，但隔了一会儿，便"使使持节赦出相国"。《史记》接着写道，"相国年老，素恭谨，入，徒跣谢"。

几个月后，刘邦病逝，惠帝即位，萧何续任相国。

又两年，萧何病笃，惠帝"自临视相国病"，并当面请教，来日谁人接任。待萧何死后，后嗣曾因罪失侯，可汉家天子旋即"复求何后，封续酂侯"；汉武帝元狩年间，封萧何的曾孙为酂侯，食邑二千四百户；到了宣帝，续封萧何玄孙酂侯二千户。从此，萧何之后，受封酂侯，世世代代，竟一直又延续到东汉末年。

如此看来，汉家天子与相国后人，前前后后，凡四百年，可谓全始全终，算得上千古佳话。但是，刘邦与萧何呢？较诸鲍生与召平那两回的隐而未显，最后一次的"械系之"，显然已将双方的紧张关系台面化。从刘邦这次的举动看来，似乎印证了他对萧何的深怀疑忌。不过，我的问题是，这疑忌虽说必有，但是，是不是真的如外表看来的如此之甚呢？

未必吧！

毕竟，刘邦太了解萧何了。他们自幼同住丰邑，尤其日后一个沛县主吏，一个辖下亭长，往来多年，打了无数的交道，平素更极具交情（当年刘邦出差咸阳，萧何资助他的金额，就比其他同僚都来得多）。凭两人关系之深，再凭刘邦识人之精、直觉之强，又焉能不知，萧何到底是甚等样人？

再者，刘邦如果当真对萧何极有疑忌，平时，自然会有一些佞幸之徒"逢君之恶"，或真或假地炮制一些不利于萧何的传闻（譬如当年韩信，就始终传闻不断）；可事实上，关于萧何的类似传闻，却是闻所未闻。更重要的是，假若刘邦当真极有疑忌，自该多建耳目、时时侦伺才对，又哪有这般大张旗鼓地"使使"来问？刘邦如此敲锣打鼓地明着"疑忌"，显然，是另有用意的。

　　刘邦这么敲山震虎，又把萧何"械系之"，真正的原因，他永远说不清，也永远不愿意说得清；但是，在他内心深处呢？一向无可无不可的他，随着年岁越长，越不得不长久打算时，面对这位恭谨老实又必然要继续辅佐惠帝的相国萧何，究竟该维持一些提防呢，还是找些机会点拨呢？是该惧其坐大？或是防其骄矜？是该打压折抑呢？或者说，说白了，也就是拉他一把呢？事实上，刘邦在尊礼与折抑之间，真正的用意，我们已极难揣度。只是，刘邦已然六十好几，加上征战多年的伤疮痼疾，他当然明白，所剩时间不多了。为了眼前多有艰辛却又一片明亮的大汉天下，为了太子，甚至也为了他这忠勤恭谨的相国萧何，多多少少，依然得铺一点路，得做些安排，不是吗？

"萧规曹随"之外的曹参

曹参的"不变不革",看似愚钝,实则有莫大之智慧;他的竟日醇酒,貌似滑稽不经,但骨子里,却有一番深谋与远虑。而今,在这整天高喊改变、恣意兴革却上上下下一片浮躁难安的时代里,我们再回头看看曹参,除了"萧规曹随"一词之外,又该读出些什么?

秦汉之际,若论厉害角色,你会想到谁?项羽、刘邦?那当然。张良、韩信、萧何?建国三杰,名垂万世,这也毋庸置疑。陈平?嗯,既聪明,又有趣。范增?好个老头儿,可惜,遇人不淑。除这几位外,再来,你还会想到谁?

我想说曹参。

曹参?除了成语"萧规曹随"之外,许多人提起曹参,恐怕就是一片模糊吧!这样的模糊,其实一点儿没错,甚至,也可以说是对的。因为,曹参的厉害,正在于他的无所作为;曹参的了不起,也恰恰就因他无可称述、难以形容。

然而,当年在历史舞台的上半场,曹参其实是大有作为,也颇可一述的。他先是出将,而后才又入相。话说,当年的将军曹参,征战沙场,共打下了两个国家,再平定一百二十二个县,此外,又"得王二人、相三人、将军六人,大莫敖、郡守、司马、候、御史各一人",如此战功,彪炳辉煌呀!同时,曹参在厮杀冲突之间、出生入死之际,还"身被七十创"。因此,在汉初封侯时,论及位次,那些立下汗马功劳的大臣便纷纷力主曹参应位先萧何,名列前茅;理由是:曹参披坚执锐,攻城略地,"身被七十创",可是,萧何呢?

这样的战绩,当然了不起。可如此功勋,虽说烜赫一时,但若置于历史的长河中,却影响有限。恐怕只需七八十年,至多一两百年后,大概就没几个人会在意这样的角色了。毕竟,真论决定性的战功,那几位异姓王如韩信、彭越等人,肯定都远远比曹参重要。但扣除最关键的韩信之外,即使彭越,在后人看来,也不过就是个次要角色,何况曹参?

换言之,这么显赫的战功,毕竟只是一时之事;就长远来说,将军曹参,其实并没那么重要。但是,后半场的相国曹参,尽管无可称述、难以形容,却在历史的长河中有着"光而不耀"的特殊分量。这分量在于:从相国曹参身上,我们总算可以具体地明白什么叫作"无为而治"。

曹参为相,凡一十二年。相齐之初,厚聘胶西盖公为师。礼敬之隆,甚至将堂堂相府正堂,都改成了供养盖公的住宿处所;如此优礼,显然是当时初初一见,盖公三言两语,便打到曹参要害,将他最关切之处都清楚点了出来。盖公不仅提示曹参如何在齐地"安集百姓",更指点曹参在汉初形势下如何进退用藏。于是,盖公为言黄老之道,既说人道,亦言天道;既言臣道,亦谈君道。从此,曹参"如齐故俗",一切因之循之,以清静为本;他如江如海,也藏污,也纳垢,即使奸邪之人,亦容之蓄之,不惊不扰。九年之后,"齐国安集,大称贤相"。同时,他虽位列开国功臣,却以无名为令名;安稳沉静,不落机巧。日后,刘邦对功臣多有猜忌,即使忠勤如萧何,也一度受拘被执。可偏偏曹参从不受疑,亦不遭忌;他吉祥止止,连个事儿也没有。

刘邦死后,又两年,曹参继萧何为相,"举事无所变更,一遵萧何约束"。既无变更,自然不兴不革,根本就无所事事。于是,属下与群僚见曹参这般"日夜饮醇酒",毫不作为,大都深感不妥、亟思劝谏。结果,一见曹参,才欲开口,曹参便招呼饮酒。喝一段落,想开口再言,曹参又频频劝饮。一饮再饮,最后酒醉而去,终究不得而言。曹参相汉,如此三年。后来,司马迁在《太史公自序》中评曹参,"不变不革,黎庶攸宁"。曹参死后,百姓则歌曰,"萧何为法,顜若画一;曹参代之,守而勿失;载其清净,民以宁一"。

这样地"不变不革"与"守而勿失",乍看之下,岂不容易?似乎,只需要竟日醇酒、沉湎其中,然后一切不管即可。但是,如果细细想来,却又实实地不然。试想:任何人高居相位、总揽天下之际,可能会毫无兴革吗?毕竟,人多有私心,当官的更有权力欲望;位高权大如相国,随便起个心念,天下都要为之震动;有兴有革,一来可证明自身能力,二来不也彰显了自己的分量?再者,人总有一己想法,也总有爱憎好恶,一步步走到相国高位,更免不了会有满肚子的理想与抱负;新相上任,基于使命感,即使不觉得百废待举,至少也颇感处处有待改进。于是,在准备一展抱负之时,就必然有改革,也必然有更张,又怎么可能彻底依循、毫无改变呢?

因此,曹参的"不变不革",看似愚钝,实则有莫大之智慧;他的竟日醇酒,貌似滑稽不经,但骨子里,却有一番深谋与远虑。曹参之所以无所事事、毫不作为，固然有鉴于秦法过严过密，"民苦秦苛法久矣"；也固然是因萧何规模已定，"法令既明"；但是，关键仍在于曹参既明人道，亦明天道。他明乎天人，故不以一己私意扭曲天道。时势若该休养生息，他就绝不妄加兴革，也不随意滋事。换言之，曹参面对天道时，可以将私心与权力欲望节制到近乎"无我"，也可以把爱憎好恶与理想抱负化除到近乎"无执"。就一般人而言，真要节制私心与权力欲，其实已不太容易；至于要去除理想与抱负的执着，则属难上加难。但是，也唯有真做到如此，"不变不革"，才庶几可能。

于是，曹参清静无为，一切沿用旧章，紧接着，他只找"对"的人来做事。曹参从郡国之中，挑选官吏，只要是"木讪（同木讷）于文辞，重厚长者"，一旦发现，便马上起用，"即召除为丞相史"；相反地，若是"言文刻深，欲务声名者"，则一概摒弃，"辄斥去之"。

从此，曹参的政府里，尽是一群不惊不扰、不务声名的厚重长者。他们既不严苛，也不以法逼人（不死守法律，更不把"依法行政"挂在嘴边）。他们不求表现，也不贪图绩效（曹参不可能弄评鉴、搞评比）。他们默默做事，老老实实；外表是个官员，性格则近于老农。这一群厚重长者，一个个光而不耀；他们是，暧暧内含光。

这样地暧暧内含光，一时间，遂成了这新朝的气象。虽然曹参只任汉相三年，但典范一立，不仅养成汉朝的宽厚之风，更养足了两汉气脉。于是，我们今天看到汉陶与汉砖，也读到汉简与汉碑，那里头，都有种曹参无为而治遗留下来的"无用之大用"，名曰，质朴与大气。于是，有汉一代，前后绵延四百年；即使后来被篡，直至西晋末年，匈奴人刘渊称帝，仍因人心思汉，依然要建国号为"汉"。又于是，我们今天自称汉族，相较于全世界骤然而兴又骤然而衰的诸多民族，汉民族不仅几遭颠踬旋即又勃然而兴，汉文明更是气息深长、绵亘久远。

有此风光，便能成事

　　历来王者打天下，一赖武将，二仗谋臣。作为王者，刘邦的形象不佳，读书人对他鲜有好感；同样地，刘邦看读书之人，也多有不喜，甚至明摆着就是厌恶。可怪的是，刘邦的身旁，尤其越到后来，越是谋士如云，阵容不可谓不坚强。这样的看似矛盾，当然是得力于他的大度能容、从谏如流；士人若真有见地，又不酸不腐，刘邦还是一望可见、一闻便知的。

　　那时，扶保刘邦的群士，有郦食其，有张良，有陈平，此外，还有叔孙通。其中，郦食其最为年长，刚出道时，都已六十几岁；早先，他在高阳当里监门吏时，举县"皆谓之狂生"，没人敢惹他，也没人敢对他有意见。至于张良，凡事举重若轻，那不粘不滞的身手，宛如天外游龙；因此，生前死后，一直是个没是非的神仙般人物。至于陈平，人间烟火气就重了；他爱荣华、喜富贵，年轻时娶妻，还嫌贫爱富呢！再加上他好用权谋，因此，名声一直不好，是非也一向不少。然而，真要说名声之差、争议之多，则属叔孙通为最。

　　叔孙通是鲁国大夫叔孙氏之后，娴熟礼乐，是个儒者。打天下时，儒者很难派得上用场；可天下一定，叔孙通这等系心礼乐的儒者便可一展所长。叔孙通曾说，"儒者难与进取，可与守成"，我喜欢这前一句话。人之可贵，在于自知，在于清楚一己限制；作为儒者，叔孙通如此坦然承认自家的不足，了不起。后世儒者，志在天下，自觉肩负着天下兴亡，这当然伟大；可也正因如此，稍不小心，便容易有种自大，以为天下之美尽在于斯，以为除了他们所标榜的内圣外王之道，其余，皆不足为观。他们的志气大、眼界高，却常常有种不自知的傲慢；他们总爱谈正心诚意，也强调自省工夫，却鲜少有叔孙通这样自承不足的诚恳。或许，正因叔孙通与一般儒生有此不同，故而即便《史记》称之为"汉家儒宗"，可历来非议叔孙通的人，却也统统都是些儒生。这有意思！

　　当初，刘邦因民间出身，又生性疏阔，极不耐烦文缛节。即皇帝位后，便将所有的仪节，能删就删、可免则免，一切从简。结果，因为过简，最后连起码的威仪也荡然无存；于是，但见堂堂朝廷中，不时有"群臣饮酒争功，醉或妄呼"，甚至是"拔剑击柱"等等荒腔走板之事。刘邦看了头痛，一时间，又不知如何，于是，叔孙通便趁机进言，"臣愿征鲁诸生，与臣弟子共起朝仪"。

就这样，叔孙通去了鲁地，征召儒生三十余人，准备复位朝仪，再建礼乐。结果，有两位先生不仅拒绝，还当面羞辱了他。羞辱的要点：一、叔孙通"所事者，且（近乎）十主，皆面腴以得亲贵"。换言之，叔孙通人格卑劣，毫无节操，他们不屑与之为伍。二、"礼乐所由起，积德百年而后可兴也"。现今天下初定，远远还没"积德"，叔孙通就急着制礼作乐；所制礼乐，必然"不合古"，必然是个赝品，因此，他们拒绝参与这么一个"赝品工程"。说罢，他们还对叔孙通撂话，"公往矣，无污我！"（你走吧，别脏了我！）

呵！有趣。

这第二点，当然是两位儒学先生的迂腐。毕竟，礼乐养人；上自朝廷，下至万民，礼乐本是最彻头彻尾的教化之道；啥时能用，啥时就赶紧去用。正当天下初定、亟需教化时，此时不制礼乐，更待何时？礼乐本非点缀装饰，而系天下之必需；既是必需，又焉能苦等"积德百年而后兴"？诚然，在极古之时，礼乐确非一蹴可成，的确是"积德多年"而后兴的；可是，当礼乐规模已成，后世大可不必慢慢摸索、一切重来，只需在旧有的基础上因革损益、与时而变，制定出合适当代的新礼乐即可。"五帝异乐，三王不同礼"，只要把握住礼乐的根本，所有的因革损益，都只证明了礼乐内在的活泼与弹性！

至于第一点，就有点麻烦了。

老实说，叔孙通所事，虽不至于"十主"，但掐掐指头，的的确确，也包括了秦始皇、秦二世、项梁、楚怀王、项羽、刘邦，你算算，那不总共六人了吗？短短数年内，所事多达六主，这当然不光彩。

可话说回来，在秦汉之际那急遽鼎革的时代里，读书人真要活得理直气壮、光光彩彩，恐怕多少有点困难吧！毕竟，乱世之中，更多是身不由己。有人选择了进，有人则选择了退。可进的前头，必然是千荆万棘；而退之同时，一样也有着千回与百转。叔孙通是个儒者，用世之心极重，可算是打死不退；作为打死不退的儒者，他既不执，又不迂，也很少坚持寻常儒生所谓的"大是大非"。儒者不执不迂，便能成事，所以叔孙通开创得了一代礼仪，泽及后世哪！（因此，司马迁道他是"汉家儒宗"。）然而，当他不坚持那些"大是大非"时，招谤受毁，就在所难免了。

早先，在秦始皇时，叔孙通原是个无关紧要的小角色。到了秦二世，依然只是个"待诏博士"，连正式的博士都谈不上；只因看着形势不对，急欲脱身，遂说了几句逢迎秦二世的话；后来，果然脱了身，却也从此留下话柄。后儒据此，总议论纷纷；不过，叔孙通显然都不在意。待离开咸阳，辗转到了楚营，先是项梁死，继而怀王殁，后来在项羽底下，又知终难成事，因此，当刘邦兵入彭城，叔孙通没啥犹豫，便率领了一班弟子投靠汉王。投汉之后，叔孙通不再东奔西窜，从此，死心塌地，紧紧就跟随着刘邦。这一如郦食其在高阳当里监门吏时看尽天下豪杰独独见了刘邦眼睛才为之一亮，这也一如张良本要投效景驹却中途碰着了刘邦从此就再无转折，这更一如陈平先事魏后事楚再转而事汉，历经了这些波折，阅人无数的他们，都很清楚：刘邦这人慢而少礼、极其无赖，就别说有多少可恨之处了，但是，老实说，算来算去，他最可靠。

刘邦不喜儒生，甚至连儒生的衣冠也心生嫌恶。当时，只要"诸客冠儒冠来者，沛公辄解其冠，溲溺其中"，如此行径，稍有"气节"的儒者，当然无法忍受，必要拂袖而去的。张良与陈平，本黄老之徒，自然无此问题。至于郦食其，那回求见沛公，着儒服、冠儒冠，闻听沛公不见儒生，便"瞋目按剑"，厉声呵斥，"吾高阳酒徒也，非儒人也！"嘿嘿！果然是个没人敢惹的"狂生"！着了儒服、戴了儒冠，却自称"酒徒""非儒人也"！如此不拘一格，让人见识到，早期有某些儒者，的确是气象非凡。不过，换成了叔孙通，却连这不拘一格也都免了；那时，方知汉王不喜儒服，他半点没考虑，全然不挣扎，当下就脱卸了儒服，直接改穿刘邦所习见的楚式短衣。

这样的举动，当然要引人非议；如此"见风转舵"，也很难不被骂小人。可是，为了成事，叔孙通类似之迎合，还真不少。正因如此，廉洁之士对他多感不齿；后代纯儒，也一直不屑于他。不过，这位看似无甚原则、没啥坚持的叔孙先生，自始至终，倒耿耿于他的礼乐重建。这桩事，他看得比啥都重要；因此，逮住了机会，赶紧就做。真要说坚持，这是他最大的坚持；真要说大是大非，这也是他最在意的大是大非。他看重这事的程度，显然远远超过他个人的名誉。事实上，但凡儒者，多半好名；因此，有人爱惜羽毛，有人则虚矫伪善；前者留得美名，后者则沽名钓誉；两者虽迥然有别，但终难成事，则一也。名声好与成事儿，古来难两全；用世之心极重的叔孙通，当然只关心能否做得成事，至于别人怎么骂他，譬如鲁地两位先生那样地羞辱，他既不生气，也不用官威压人，更不用权势整人，只是笑笑地说,"若(你们)真鄙儒也,不知时变!"

叔孙通这么说,我猜,那儒生是听不进去的。在他们眼里,就算真的是"鄙儒",至少也比叔孙通这"伪儒"强得多吧!至于所谓的"知时变",更不过是叔孙通"投机"与"见风转舵"的遁词罢了。凭良心讲,我不觉得叔孙通有说这话的必要。多言,其实无益。然而,我真心喜欢叔孙通这么笑笑地说话的风光。有此风光,便能成事。

屠狗樊哙

徐州，果真是辐辏之地。十几年前，我初到徐州，当晚，住火车站边的旅店，一整夜，不时听闻有列车出入声隆隆作响。隔天清早，我四处闲逛。车站的附近，向来喧闹，也多半杂沓，真说景色，其实也只能一般般。不过，走着走着，我却见有许多摊位，或招牌，或简单一张红纸，上头都写着四个字；这四个字，真令来自台湾的我大感稀罕。

"沛县狗肉"。

吃狗肉，对许多现代的都会人而言，不仅不惯，简直就是不齿。我不会不齿，不过，我的确也不吃狗肉。可话虽如此，我依然清楚，徐州街头这四个字，其实，是中原古风。

唐代以前，中原人吃狗肉之普遍，一如吃羊、吃猪，质言之，皆膳食也。当时的仪典明载，祭周公与孔子时，供桌上，必须"牲以犬"。更早之前，《孟子·梁惠王篇》也说，"鸡豚'狗'彘之畜，无失其时，七十者，可以食肉"。换言之，在圣贤眼里，狗是家畜；孟子当时的徐州，一如眼下，应也处处皆狗肉摊位。

不过，那时的徐州，还不标榜"沛县狗肉"。

真要标榜"沛县狗肉"，自然是刘邦兴汉以后的事了。刘邦和他那群哥们儿，先从沛县起事，继而首入咸阳，最后又灭了项羽，从此，开启四百年亮堂堂的大汉天下。这群哥们儿，平素就是在沛县既斗鸡走狗又大啖狗肉的市井之人。其中，萧何、曹参是个县吏，夏侯婴则在县府开着公务车（"沛厩司御"），算是与官府沾得上边；至于周勃，一向以"织薄曲（薄曲是以竹篾或苇篾编成的养蚕用具）为生"，有时则"为人吹箫给丧事"，可说是最底层的寻常百姓；除了周勃，出身如此卑微的，还另有樊哙，樊哙屠狗。

"沛县狗肉"，除了与刘邦这群人息息相关之外，更直接的联系，是因屠狗樊哙吗？

后人又常说，"仗义每为屠狗辈"。这说的，也是屠狗樊哙吗？

樊哙最有名的故事，应是"鸿门宴"吧！那晌，在项王帐中，项庄屡屡舞剑，其意常在沛公；此时沛公，命悬一线,"身入汤火命如鸡",就端看项王如何一念之转。帐外的樊哙,一听形势紧迫,顿时血涌气冲,啥都不管,啥也不考虑,便"带剑拥盾",直闯军门,定要入帐"与之同命"(和他们拼了)!帐外"交戟之卫士",见樊哙闯来,纷纷以戟相挡,"欲止不内",樊哙遂"侧其盾以撞,卫士仆地",于是,进入帐中,"瞋目视项王,头发上指,目眦尽裂",其凶恶威猛,连素来"喑哑叱咤、千人皆废"的项王都为之一惊,当下起身,"按剑而跽"。随后,樊哙又当着众人之面,张胆雄辩,言语滔滔;那慷慨、那激昂,瞬时之间,气压项王,最后,终脱沛公于虎口。呵!好个屠狗樊哙!"是日,微樊哙犇(同奔)入营谯让项羽,沛公事几殆!"(后来太史公的评论。微:若无;谯:今闽南语有"干谯"一词。)

是呀!当日若非樊哙挺身相护,后来沛公,又将如何?樊哙对于刘邦,不管是君臣道义,或是哥们儿的情义,数年之后,另有一回,其实又更动人。那时,刘邦已即皇帝位,先平韩信,再敉彭越,而后,另一位异姓王黥布又起兵造反。此刻,年迈的刘邦,却是病重疴沉,完全不想见人;遂下令门卫:所有大臣,一概不见。因此,前后有十几天,即使重臣如周勃、灌婴等,都没敢入禁中请示军机。一伙的大臣,为了黥布之反,

第二辑 汉家气象

个个急得像热锅上的蚂蚁,但是,也只能净在宫外干着急。后来,又是屠狗樊哙!但见他啥也不管,啥都不考虑,便"排闼直入"(闼,宫中小门),闯入禁中。追进了宫,但见刘邦枕着宦官,孤零零,一人睡卧着;顿时间,樊哙悲从中起,遂流涕言道,"始陛下与臣等起丰、沛,定天下,何其壮也!"而今,天下已定,陛下"又何惫也!"现今"陛下病甚,大臣震恐",朝廷之事,无以裁断,陛下却"不见臣等计事",难道,就要孤零零地让宦官这么陪着离开人世吗?("顾独与一宦者绝乎?")陛下难道又忘了宦者赵高才刚刚毁掉秦朝之事吗?("陛下独不见赵高之事乎?")

一席话,说得粗粗鲁鲁,可是,那呜咽之声、那情深义重,却直似后代那杀猪出身的张翼德对着比谁都还亲的结义大哥刘玄德的说话口吻。张飞与刘备、樊哙与刘邦,同起布衣,情甚兄弟。张飞杀猪,樊哙屠狗,他们两个,都是仗义之人。

樊哙的仗义,不仅对成者刘邦,也对败者韩信。早先,韩信功盖天下,威名赫赫,可才不久,却以楚王之尊被拘受执,后再一贬,贬成了区区淮阴侯。淮阴侯落难后,从此"日夜怨望,居常鞅鞅",也不屑与周勃、灌婴等人同列。可事实上,周勃、灌婴等人更压根不愿与韩信多相往来。毕竟,他们都是刘邦的铁杆重臣,本来就对韩信不具好感，甚至是深怀敌意；此外，他们也清楚韩信的政治不正确，宁可保持些距离，也不愿无端沾惹麻烦，蹚那浑水。

但是，樊哙不然。

樊哙深知韩信之冤，一向以来，更敬重他的旷世才能。而今，淮阴侯虽说落难，可毕竟仍是绝世英雄呀！因此，一回韩信来访，樊哙听闻，啥都不管，啥也不顾忌，便"跪拜送迎，言称臣，曰：'大王乃肯临臣！'"

这样的姿态、这样的言语，假若是当初韩信风风光光、无人敢撄其锋时，自然，就是阿谀谄媚，就是逢迎奉承，也丝毫不足为道了。然而，这会儿韩信正当落难、已然失势之时，樊哙能毫无顾忌，摆出如此姿态、道出如此言语，那么，就是屠狗之辈的一腔真情了。

樊哙屠狗，张飞杀猪，两个都是粗鲁之人。粗鲁之人，多不虚伪，多不掩饰，常常有种真性情。这样的真性情，使他们逢人遇事，格外能仗义而为。因此，这样的粗人，多半可爱；京剧里的张飞，不仅可爱，好的架子花脸甚至还要演到几分妩媚。我但凡看张飞戏，都看得很开心。至于樊哙，妩不妩媚，倒不重要；重要的是，他貌似粗鲁，实则粗中有细。别看他几次挺身而为，似乎啥都可以豁得出去，但真遇到紧要之事，却脑袋极为清楚，最是个明白之人。

当年，沛公首入咸阳，望着秦皇城的巍巍宫阙，兴奋之余，不禁心猿意马；等进了宫中，见"宫室帷帐、狗马重宝、妇女以千数"，更是目眩神驰，一心一意，就要入驻咸阳，"止宫休舍"。所幸，经左右力劝，刘邦才总算断了此念，"封秦重宝财物府库，还军霸上"；换言之，除了萧何因长久打算而尽收秦律令文书之外，整个咸阳皇城，刘邦完完全全秋毫无犯，不惊不扰。这样的秋毫无犯、不惊不扰，使得秦地人人心怀感激，成为日后刘邦收复关中进而成就帝业的一大关键。有趣的是，早先刘邦一进咸阳，都还满头热切、眼巴巴想进皇城"止宫休舍"时，头一个在他身旁劝谏、大浇冷水的，倒不是深谋远虑的留侯张良；张良因深谋远虑，反而常常都不会是第一个出手。这第一时间就极力劝阻的，必须要有个热心肠，兼又有份好眼力，没错，他就是屠狗樊哙。

今暴得大名,不祥

民间有高人。

去年九月,应老友庄立华之邀,我在北京拍了纪录片。访谈中,立华兄不断提起这句话:民间有高人。我听了,笑着说,这是当然。我出身台湾民间,生长于茄萣渔村;近二十年来,又长居池上乡下。至今,仍不时自嘲,"往来无鸿儒,谈笑皆白丁"。眼下我逛传统市场,常觉得比逛书店更饶富兴味;我看市场里那些贩夫摊妇的精气神儿,总自叹弗如。尤其平日,在与乡夫村妇的往来言笑中,我更是清楚,尽管他们不善议论,也未必多有自觉,可真论清朗豁达,真说深稳信实,比起备受各种主义思潮冲击的文化人而言,两岸民间,显然,都健康多了。

民间之人,无甚学问,也没太多知识,可是,从他们的言语行事，我每每获得教益。有时，只听他们闲话几句，我便顿时开豁，更胜素常所读的宏文巨论。民间这样的深稳强大，古今皆然；他们的集体智慧，更是远从亘古以来，一向如此。至少，我读《史记》时，就常见到这样的高手。

譬如，陈婴之母。

陈婴是谁？昔日秦失其鹿，天下豪杰共逐之时，项梁（项羽叔父）率着八千江东子弟兵渡江而西，陈婴最早以东阳县两万兵力投靠，于是开始了日后项氏的极一时之盛。后来，陈婴又转投刘邦，迨高祖大事底定，遂受封"堂邑侯"。陈婴这样的角色，在历史长河中，当然次要；因此，司马迁也只在《项羽本纪》中提了一段。可这寥寥百余字，最大的亮点，却是陈婴之母。

话说，陈婴原是个东阳县属吏，职位不高，但"居县中，素信谨，称为长者"，只因秦末大乱，刀兵四起，东阳县少年杀了县令，一时间，群龙无首，遂强推陈婴为长，甚至要立他为王。正当陈婴举棋不定时，但闻陈母言道，"自我为汝家妇，未尝闻汝先古之有贵者，今暴得大名，不祥"，因此，不如找个头头依附，"事成犹得封侯"，倘若事败，因非首领，目标不显著，也容易逃亡呀！

就这样，几句话，当下了断。于是，陈婴拒绝称王,把东阳交给了项梁;多年后,果真,他也封了侯。陈母这席话,看似平常,也好像有点权谋;但其中七个字,我却读之震动:"今暴得大名,不祥。"

富贵荣华,人人皆爱;名利之心,孰人能免?当今时代,许多文青争引张爱玲名句,"出名要趁早";还有更多的年轻之人,借各种管道,憧憬于短时之内窜起与暴红。诚然,有了名声,便伴随着尊贵,也意味着成功;依陈母看来,有名声,绝非坏事;有此尊贵,也未尝不可喜;可是,当这一切都猝然得之、暴然而起时,那么,就多有不祥了。事实上,陈母不避名利,亦非清高之人,可她之所以高于那班豪杰,也比那辈须眉都更具有见识,关键在于:她感得了天道,故深知戒惧。历史上的英雄,多是天之骄子;可这天之骄子,却常忘了对天道的寅畏,也忘了生命起落时该有的戒惧。若不知寅畏,又无有戒惧,那么,短时之内,自然可称孤道寡、不可一世,但终究仍不免暴然而兴、骤然而亡,一个个都成了历史长河的浮花与浪蕊。

陈母明白,所谓的大名,得要有时间的铺垫,也需逐步地调整;否则,一旦"暴得大名",不仅身心急遽失衡,也必然导致难以逆料的重重危机;最终,就难免是灾难一场。或许,是因为生命的阅历,也可能缘于集体的智慧,总之,陈婴之母不假思索,直觉到这可能的灾难，故曰，"不祥"。像陈母这般明于天道又深知戒惧者，《史记》里头，我还想起了另一位高手。这高手，倒非民间之人，他居家致千金，为官则至卿相，在历史上，最是个响亮的人儿。当年，他在攀登绝顶、功成名就之际，幡然转身，只一声轻叹，"久受尊名，不祥"，从此，飘然远去，一切归零。

这高手是范蠡。那飘然远去的一切归零，则缘于他对天心人意的深刻观照。《尚书》有云，"人心惟危，道心惟微"，范蠡清楚，一旦受尊过久，难免就心生我慢；既然我慢，必流于轻忽；一轻忽，即使危机重重，也可能昏然不觉。受人尊敬，本是件美事，但这不自觉的异化，却让无数人因此颠踬踉跄，甚至坠入深渊，故曰，"不祥"。认真说来，人间的富贵荣华，本是桩桩可爱；可这桩桩之可爱，同时却也是两面利刃。一旦溺于其中，稍不自觉，便可能蒙受其害，甚至丧失性命。常言道，人生艰难。这艰难，不在于人生处处惊险，而在于即使身陷险境，也常常未必自知；纵使自知，多半也为时已晚；到了这时，真要脱身，也只恐不能。

因此，对多数人而言，要不，就失去了危机感，要不，即使照察得到，也只能深陷其中，大叹"人在江湖，身不由己"，真要防微杜渐、见机于先，又岂是容易？佛教说，"菩萨畏因，众生畏果"。所谓众生，总于事发之后，才在葛藤中纠缠不清；至于菩萨，则在事起之前，便心生戒惧。范蠡与陈母，未必是佛教所说的菩萨，可是，他们的确都在因地之中便知寅畏，故能见机于先。事实上，不论是范蠡这般显赫的角色，抑或陈母如此平凡之老妪，尽管身份地位悬殊，学问差距也极大，可他们见机于先的智慧却完全相同，连说话的语气也几乎一致，这有意思。

首先，他二人的临事谦退与见机于先，一直是中国文明的根柢智慧。这样的智慧，真要追究，恐怕早在数千年前中国文明肇始之际，便已瓜熟蒂落了。这样的智慧，虽说备载于以老庄为首的道家典籍，可究竟说来，其实是中国人最深沉的文化基因。这样的文化基因，大部分的中国人，或多或少，身上都有；这样的生命智慧，大多数的中国人，或深或浅，也均能领会。范蠡与陈母，不过是把这智慧发挥到极致罢了！也正因如此，在民间那习焉而不察却深具延续力的传统里，这样的文化基因，便显得特别强大，也格外地亘古弥新，于是，冷不防地，常常便又冒出个高人。

其次，我更感兴趣的，是范蠡与陈母共同使用的那个词儿："不祥。"这词儿，在《史记》一书里，极为普遍；即使后来刘邦首入关中，诸将劝杀秦王子婴，刘邦的响应，也仍然是，"人已服降，又杀之，不祥"。

换句话说，不管是周朝，抑或是汉朝；也不管是深邃如范蠡，抑或是平凡如陈母，甚至是"无赖"如刘邦，那时的人们，一向都惯于从天道看人事。质言之，较诸后代，他们离天近。他们与天地关系紧密，他们是"天地人"那种顶天立地的人儿。那时，人们不斤斤于后儒所强调的"义利之辨"，也不在意今人所说的权利与义务。他们在意的，是天人之际；他们感知的，是天心与人意。有此感知能力，他们对于祸福灾祥，就能见机于先；能见机于先，中国文明便可历劫常新，中华民族亦可是个长寿的民族。汉代之后，又两千余年，我身处的台湾民间，因祭祀传统不断，至今，仍或多或少保有对天道祸福的感知能力，因此，他们的生命，便有种深稳强大，也特别地气息绵长。现今，我茄萣老家每回建醮，家家户户，门楣上都还张贴着四个字——"天赐祯祥"。

其人如天

很奇怪,读完《史记》的《越王句践世家》,印象最深的,竟然不是句践。

《越王句践世家》前头的两卷,分别是《晋世家》与《楚世家》;紧接的后两卷,则是《郑世家》以及《赵世家》。可单单这卷,不称《越世家》,却道是《越王句践世家》,盖因越国僻处东南,本是个蕞尔小国,从来就无关紧要;直至句践,才忽地跃上历史舞台。句践称霸,乃春秋一桩大事;句践复国,也早已脍炙人口;至于他"苦身焦思"、忍人所不能忍的本事,就甭提让人有多佩服了。

可尽管如此,整卷《越王句践世家》,真论精彩,却在范蠡。

司马迁写范蠡,先写他辅佐句践,计谋全局。等二十余年后，句践不仅复国，且在徐州大会诸侯，完成霸业，范蠡遂功成身退，从此飘然远去。这样地幡然转身，古往今来，一直是最动人的身影。迨乘舟浮海之后，范蠡又修书给他的老朋友越大夫文种，起始十二字，"飞鸟尽，良弓藏；狡兔死，走狗烹"，最是千古名句，也不知让多少后人沉吟再三；接着，信中又对大夫文种明白指出，"越王为人长颈鸟喙，可与共患难，不可与共乐。子何不去？"

见书后，文种"称病不朝"，并没有毅然而去；换言之，他听了范蠡的话，心有所动，却没采纳建议。或许，还在犹豫吧！但并没多久，句践赐剑，于是，文种自杀。

走笔至此，《史记》接着叙述句践后继者之种种，也交代了日后越国的兴衰。到这儿，这卷书，理应结束了。孰料，太史公竟来个回马枪，逆锋折笔，重新又写起了范蠡。此事大有意思。

这样地回锋，这样地起笔再写，当然是因范蠡这人实实地太过厉害；不多记些，哪行呀？！

范蠡的厉害，在于他其人如天。

其人如天，因此，凡事可不粘不滞，可全无世俗人情的黏着与纠缠。因不黏着，故范蠡擅于回身转圜，最有能耐在关键时刻就啥也不犹豫地抽身而出，那干净利落,简直像什么事也没发生过,啧啧!当范蠡为"上将军",句践也霸业已成,理当享荣华、受富贵之际,他既不志得,也不意满,更不贪不恋,只是心里清清楚楚明明白白,"百花丛中过,片叶不沾身",他像个无事之人,只自知"大名之下,难以久居",又知"句践为人,可与同患,难与处安",因此,二话不说,头也不回地立马走人。

这一走,渡海赴齐,从此,改姓换名,"耕于海畔,苦身勠力"。不多久,非但营生致富,且更贤名远播。齐人闻之,欲聘为相,范蠡只喟然叹道:"居家则致千金,居官则至卿相,此布衣之极也。久受尊名,不祥。"于是,归还相印,尽散其财,再次引去。

后头那六字,"久受尊名,不祥",最是了得。一方面,这是过来人说过来话;范蠡比谁都清楚,富贵荣华,到底是咋回事。可另方面,这又是他一向的生命高度;他向来站在天的角度看人观世,于是,所有的成败得失,他都有种异于常人甚至令人凛然的透彻与了然。

因此透彻与了然,于是,太史公在《越王句践世家》的卷末,便用了忒长的篇幅,又详细描述了陶朱公次子杀人的故事。

范蠡去齐之后,止于陶,"致赀累巨万",世称陶朱公。其次子在楚地杀人被捕,陶朱公欲遣少子携重金前往营救。怎奈,长子因爱弟心切,兼又责任心重,当然,也或许有些面子问题,遂苦苦相请,甚至以死要挟,必要担此重任。这时,其妻又一旁苦苦相劝,不得已,陶朱公只好放手,听任长子赴楚。

长子赴楚之后,因自幼经历艰苦,颇知生计之难,更知钱财来之不易,于是,对所携之千镒重金便多有珍重,甚至颇有吝惜。结果,正因这吝惜之心,恼怒了陶朱公请托之人,最终营救不成,遂只能带着二弟的遗体回返陶地。(其详细经过,很精彩,请大家再翻翻《史记》。)

返陶后,"其母及邑人尽哀之",独独陶朱公不然。陶朱公既不哀,也不戚,只笑着说,"吾固知必杀其弟也";事实上,长子"非不爱其弟",只因"少与我俱,见苦,为生难,故重弃财";至于少子,则因"生而见我富","岂知财所从来?"故即使千镒重金,都必然毫无惜吝地"轻弃之"。早先,之所以遣少子赴楚,正缘于"能弃财故也";可这点,长男偏偏就断乎难为,"故卒以杀其弟,事之理也,无足悲者"。

这"事之理也,无足悲者",其清楚明白,已毫无黏着与纠缠;其不粘不滞,也全无情绪干扰,老实说,这也几乎是不近人情了。可最后,"不近人情"的陶朱公,又撂了一句,"吾日夜固以望其丧之来也!"

"吾日夜固以望其丧之来也！"

会说出这话的人，他到底是站在怎么样的一种生命高度？

离去的身影

打从中学起,少说,有十几年的光景,我一直是个钻牛角尖的人。彼时,烦恼既多,忧思亦深,一层层、一叠叠,各种的疑惑,各样的忧患,都把自己给团团困住。记得,都已二十六七岁了,遇到事儿,不时还会纠缠其中,搅得不清不爽,完全莫得解脱。有一回,我郁郁不乐,正怅然若失之际,翻了《史记·屈原贾生列传》,读到"屈原至于江滨,被发行吟泽畔,颜色憔悴,形容枯槁",当下,泫然欲泣,久久不能自已。

那时,因楚怀王与顷襄王相继听了谗言,屈原忠而被谤、信而见疑,在受疏被迁之后,不论如何心系楚王,又不论多么眷顾楚国,终究,仍得千般苦痛、万般悲凉地离开郢都。于是,在远行的路上,屈原中心摇摇,行迈迟迟;在迢遥的途中,屈原边走边凄怆着,

"举世混浊而我独清,众人皆醉而我独醒"。他越思越想,心中岂止悲痛?因此,他的步伐,渐形蹒跚;他的身影,更形仓皇。最终,当步伐已沉重到再也走不下去之时,屈原"于是怀石,遂自投汨罗以死"。

二十几岁的我,看这无比悲苦的身影,先是一惊,随即又心头一沉;仿佛,自己也要怀石而去似的。当时,我会"颜色憔悴,形容枯槁",更多的时刻,则深深感觉到,"众人皆醉而我独醒"。面对这世界,我有种种的难受,可同时,又有种不愿自承的倨傲。因此,我常陷于绝望,可又自觉有无限的悲悯;我不屑庸碌的人群,却又时感对世人充满了不忍之心;我似乎俯视着芸芸世间,对世人竟又比谁都还经常厌倦。结果,我前一个念头,后又一个念头,彼此纠结,彼此矛盾。这矛盾的念头,念念相续,方生方死,方死方生,不断地翻搅,把自己搅得惶惶不安,也让自己深陷于莫名的感伤而难以自拔。于是,感伤的我,有种耽溺,更有种自怜。这般自怜的我,望着屈原远去的身影,不由得萦纡烦闷,突然,就怆痛了起来。

许多年后,我生命有了翻转。这翻转,到底是如何翻,又如何转,一时之间,也不好说清楚。不过,经过了这翻转,我总算看清楚早先不愿意自承的倨傲,也看到了原来的自伤与自怜。等这些都清楚看到,也愿意坦然承认之后，才终于明白，把自己搅得疲累不堪的，既非那奸恶之人，亦非这朽坏的世界，个中关键，只能是我自己。因此，我也终于了解，一切的纠结，说白了，都源于作茧自缚。然后，既吊诡又有趣的是，一旦我明白了这点，早先我愤青式的操切与急躁，竟慢慢淡了；原来我文青式的苍白与忧伤，也渐渐没了。当这一切都渐行渐远，生命也开始峰回路转之后，我再读《屈原贾生列传》，看到屈原那缠绵难解的离去的身影，虽说仍会惋惜，也不禁嗟叹，可是，却再也不会惊悼伤痛了。

迫使屈原离开郢都的，当然是那昏君与佞臣；可让他离去之身影如此凄惶的，却只能是他自己。人生的际遇，没人说得准；可一旦得离去时，不管怎么样的身影，多多少少，仍可由自己决定。若论这离去的身影，我佩服范蠡。

外表看来，范蠡是功成身退，主动求去，完全不该和屈原相提并论的。然而，范蠡虽貌似主动，实也迫于形势；说白了，他只不过见机于先，化被动为主动，先将句践一军罢了！正因如此，他才让原是不得不然的离去，反变成最动人的身影。其实，真要说"功成身退"，似乎人人皆懂，也人人会说，可实际"操作"时，却有着千差万别。譬如张良，若论智慧，若论世情的穿透力，又岂在范蠡之下？可他尽管谦让，尽管辞退了三万户的封赏,却依然是个"留侯"。他虽称病少出,可关键时刻,仍依然会帮刘邦一把。淡泊如张良,之所以似退还留,之所以没彻底离去,当然不因为贪功,也非眷恋权位,更不是不了解"功成身退"的道理。若真要说,其实只因他比任何人都更真切地了解刘邦;从另一个角度说,也因他没有范蠡那样的不得不然。张良清楚,他若即若离地留着,对刘邦会有帮助,对汉家天下也是件好事。再说,他不担心"狡兔死,走狗烹";因为,刘邦固然会猜忌,可绝不猜忌那完全不该猜忌之人。张良明白,他君臣二人,究竟是怎样的关系;张良也清楚,刘邦这人,不同于句践。

最了解句践的,是范蠡。范蠡"与句践深谋二十余年",唉!人生有几个二十余年?透彻如范蠡,焉能不清楚,"句践为人,可与同患,难与处安"。君臣一场,该帮的,他已尽力;可帮完后,也该走了。眼看着句践大事已成,范蠡知道,这君臣之缘,是得结束了。句践功成日,本他离去时。他并非全无不舍,亦非全然无情,只是,形势已容不得他再作多情。这时,若不能斩断多余的情绪,恐怕,他就走不了了。

老实说,范蠡是深知个中凶险,才会走得如此决绝。换言之,他的主动求去,在骨子里,本是不得已的呀!然而,正因深知凶险,也明白形势之不得不然,不自欺，不自瞒，不自我开脱，不给自己借口，更不让自己纠结在自伤自怜那无谓的情绪中，于是，范蠡见机于先，化被动为主动，才使那离去的身影如此天清地阔。那离去之身影，人人不同；可究竟是天清地阔，抑或是局天蹐地，个中关键，正在于能否见机于先。说得更简单些，其实，也不过是不自欺与不自怜罢了！

太史公与孔子觌面相逢

《史记》的《孔子世家》，写得好吗？

历代写史，公认《史记》第一；历代人物，也鲜少有人可与孔子相比肩。按理说，司马迁写孔子，等于是最极致的高手看高手、大师记大师，精彩可期呀！更何况，《史记》引《诗经》"高山仰止，景行行止"之句，表达了对孔子"虽不能至，然心向往之"的无比敬意。凭太史公过人的史才与史识，兼又对传主无限之崇敬，如此《孔子世家》，焉能不好？

可怪的是，自某个年代以来，这卷书前半，亦即孔子周游列国那十几年以及更早时候的诸多记载，却被一群学者大肆批评，且批评得近乎体无完肤。影响所及，后人遂逐渐轻忽这卷《孔子世家》，也慢慢对里头的记载多有生疏。于是，后来我写《孔子随喜》，援引了不少《孔子世家》的记载，许多雅好孔子的朋友读之欣喜，但同时，却又不禁讶异：有这等故事，我怎么都没听过？

举个例子吧！

有一回，孔子前往卫国，途经蒲邑，恰逢公叔氏占领蒲地以叛卫，于是，公叔氏堵住了孔子一行。此时，有弟子公良孺挺身而出，拔剑相斗，拼搏之猛烈，让蒲人顿时心惊，态度遂松软了下来；最后，在蒲人要挟之下，双方订定盟约，约定孔子绝不可前往卫国，这才终于放行。结果，一出蒲地东门，孔子便完全不管啥盟约，头也不回，就径奔卫国而去。一旁的子贡，不禁困惑，问道，"盟约可弃而不守吗？"（"盟可负邪？"）孔子回说，"如此要挟所订的盟约，是连神明也完全不理会的！"（"要盟也，神不听！"）到了卫国，卫灵公出城迎接，劈头便问，"蒲可伐乎？"孔子的回答，"可！"

在台湾，许多人因受过四书教育，对孔子都熟。但这故事，你去问问，十个倒有八个未曾听闻。《史记》是甚等样书？孔子又是何等样人？《孔子世家》记了这么大一桩事，大家却几乎闻所未闻，你说，这怪不怪？

问题的症结，在于有一批人压根不信这样的记载。他们质疑，"要盟神固不听，然既许之，甫出而即背之，亦圣人之所为耶？"接着，又一口咬定，"此乃战国人之所伪撰，非孔子之事"。类似的例子，在《孔子世家》一卷中，不胜枚举，其中最有名的，大概就是"子见南子"吧！《论语》里头，明白记着孔子见南子，也明白写了子路的不悦与孔子的回应，这当然不好否认。可真正见面的场景，《论语》没写，《史记》却记载着，"夫人在绨帷中，孔子入门，北面稽首。夫人自帷中再拜，环佩玉声璆然"，可如此一记，这批学者就不禁跳脚，忍不住高分贝质问，"不知史公何据而云然也？"更有人以近乎肃杀的口气骂道，"马迁诬圣，罪在难宽！"

呵！瞧这口气！

就这样，《孔子世家》的前半卷，这班人你一句"此误说"、我一句"必无之事"、他一句"删之可也"，偶而，再传出一声厉喝，"何妄之甚！"嘿嘿！如此轮番重批之下，《史记》这卷书，遂成了几无可信的不堪之作。于是乎，被批驳到面目全非的《孔子世家》，从此便为士林所边缘化，慢慢也乏人问津；关心孔子的人，也开始不太读此卷文字。原本精彩可期的高手看高手、大师记大师之作，竟沦落到与《史记》的盛名全然不相称的尴尬地位，这可真是始料未及呀！

可问题是，他们骂得对吗？

这么说吧！如果，《孔子世家》果真写得如此荒腔走板,按理说,早在《史记》成书之际,在汉代独尊儒术的环境下,就该备受挞伐了才是。毕竟,汉代离春秋末年近,他们对孔子的印象,肯定比后人清楚许多;司马迁倘真"恣意窜改",又焉能逃过非议?况且,《史记》这书多少有些"政治不正确",汉代士人也多视之为"谤书",想在书里挑刺的,恐怕是大有人在;《史记》里的黄老气味,又素来不为儒生所喜,因此,《孔子世家》假若错谬百出,他们又岂能轻易放过?

结果,汉代固然有扬雄责备司马迁"不与圣人同,是非颇谬于经",又有人批评"《太史公》违戾《五经》,谬孔子言",但这都只是大方向上的歧异,即使扬雄,都仍称许司马迁有"良史之才",也佩服其"善序事理",还说《史记》"其文直,其事核",并没有人直批《孔子世家》记载讹误,更没有后代那样地逐条驳斥。

于是,到了南北朝,有裴骃作《史记集解》;到了唐代,又有司马贞与张守节先后写了《史记索隐》以及《史记正义》,在后人统称的这"三家注"里,此卷《孔子世家》,依然是一派海晏河清。三家的批注,既没那么多滔滔议论,也没啥对太史公的诋毁与非难,纯纯粹粹,就是最寻常的补充与说明,读了,只让人觉得天清与地宁。

这样的天清地宁，过了唐代，其实又维持许久。尽管有儒者始终对这卷《孔子世家》心怀不满，但真正迎面痛击的，却是绝无仅有。直至清代的乾嘉年间，先前近两千年的清宁局面，才算彻底丕变。众所周知，乾嘉之际的考据学问极其鼎盛，有一群学者竟日寻章摘句，勠力于典籍的考证与辨析。其中，有崔述、梁玉绳等人，对《孔子世家》意见极深，他们口诛笔伐，或呵或斥，或批或驳，一时间，如枪刺、如剑砍，几乎把司马迁那前半卷给抹杀殆尽。到了清末民初，疑古之风大盛，又有一群后继学者，人数更多，声势更壮，但见他们纷纷援引崔、梁之见，慷慨激昂、批声四起。在这群人轰然应和之下，对此卷书的严厉批判，骎骎然成了学界主流。于是，《孔子世家》宛如身陷十面埋伏，放眼望去，矢石如雨，从此危矣、殆矣！

《孔子世家》的惨遭围剿，外表看来，是这些学者考据功夫了得，既擅于搜罗，又长于爬网，整理比对之后，抉隐发微，总算将司马迁所犯的谬误一一纠举了出来。然而，这样的围剿，在骨子里，却只是假借考证的手段，宣泄了儒者长久以来对司马迁的不满。如此考据，乍看持平，其实多有情绪语言；看似客观，却处处闻得到烟硝之味。

儒者对司马迁不满啥？

司马迁好儒，可又喜爱黄老。偏偏打从汉朝起，就有儒生一直敌视黄老；越是纯儒，排斥黄老就越深。这样的排他性，自宋明以降，越演越烈；尤其明清已成正统的程朱理学，更动辄辟佛又辟老。当朱熹说"天不生仲尼，万古如长夜"之时，一方面将孔子无限地神圣化，另一方面又不断视佛老为异端。理学家越将孔子绝对化，他们就越敌我分明，打击异己也越不手软。事实上，这些理学家平日极认真、极严肃，其为人之刚健，实实令人尊敬；其行事之正直，也不禁令人佩服。可他们过度以真理自居，只要面对异己，口气就常无容赦。他们总自觉天下之美尽在于斯，其余皆不足为观，因此，极自负、好骂人，门户之见也最深。但凡与人争论，动辄无限上纲，轻易就流于意气。他们虽标榜"群而不党"，却常常党同伐异；虽强调"温良恭俭让"，却比谁都容易愤愤不平。他们更一向以天下为己任，却屡屡又最容不了天下之人。

这样的理学氛围，一直延续到清末民初；那一辈的考据学者，或多或少，都沾染了如此习气。"不幸"的是，太史公恰恰与这拘闭的习气离得最远；他既爱儒，又喜黄老，如果活在后代，肯定也对佛教多有好感。太史公胸罗万物，喜多爱广，啥事都有兴味，啥人也多有喜爱，甚至，连寻常儒者不屑一顾的游侠、刺客者流，他也同其呼吸，多有爱惜，还情真意切地为其立传。这样的太史公，其眼里的孔子，自然与一本正经而又拘闭排他的纯儒大相径庭。

太史公视野辽阔，所立足处，其实是整个华夏文明最起始的源头。换言之，司马迁的格局，正是诸子百家尚未"各得一察焉以自好"、《庄子·天下篇》也还没慨叹"道术将为天下裂"之前中国文明原有的那种溥厚与浑然一体。因为这样的溥厚与浑然，太史公既心仪《论语》所记的圣人，也喜欢《庄子》所说的孔子；其他诸如《礼记》《列子》，等等，他都心知其好，广采博纳，一笔笔、一条条，都仔细看了，认真读了。若依纯儒来看，孔子这些不同取向，不仅彼此矛盾，更是极大的扭曲。但对太史公而言，孔子如此的吞吐开阖与气象万千，才真让人"高山仰止，景行行止"呀！

于是，太史公笔下的孔子，就是一个面貌丰富而又极度鲜活的真实人物。这样的孔子，不仅是深湛于六经的恂恂儒者，更是个对未必同道之人（譬如老子）也多有礼敬的闳阔之人。他学识渊博，更极富生命经验。他曾经犯错，也不时犹疑。年轻之时，曾有老子严厉批评过他；到了晚年，也还有弟子不客气地质疑着他。孔子知礼守礼，又极严正，可与人相处，却是一片和悦之气。单单看孔门师徒的那一派兴发，两千多年后，我们都还忍不住想当当他的学生。孔子当年,就喜欢与各色人等说话。各地有诸侯,有贤大夫,有避世之人,有忠奸难定者,有备受争议者,甚至偶有恶名昭彰者,都会想与孔子见一见,也和他多谈谈。孔子就这么与世人闻风相悦,因此,他不闭锁,更不排他。

孔子是非严明,却从不拘泥。他的某些言行,即使聪明如子贡,一时间,都不免会多有疑惑。毕竟,孔子太大;太大的人,就不好懂。因此,孔子虽说备受尊崇,却也经常受到误解;许多人欢迎他,但也不少人疑忌他;他曾经风光过,也几度狼狈过。《史记》写孔子狼狈的模样,很可爱的。《史记》又写孔子的数度遭困受厄,甚至险些没命,也都写得非常动人。孔子毕生最在意人世间的大信,但前述在蒲地所订的盟约,他却完全不萦心怀。因为,孔子凡事擒得住,也托得开,所以,他从心所欲,不逾矩。

司马迁正是一个擒得住又托得开的厉害角色。大致说来,擒得住,是人道;托得开,则是天道。太史公"通天人之际",可后儒少有如此本领,便觉得司马迁写的孔子多半可疑,后来,又渐渐转成了憎恶。乾嘉以来,儒者在这样的憎恶情绪下,借着考据之名,一步步把《孔子世家》打趴了;但吊诡的是,这批神圣崇高的儒者所建构的"孔家店",在"五四"之后,旋即也土崩瓦解了。"五四"的"打倒孔家店",虽音声清亮,多有朝气,但是,的确也冤枉了不少真正了不起的儒者。至少,孔子就绝对不是"孔家店"那种拘闭而酸腐的模样。不信,大家去读读《孔子世家》!

古大臣之风

萧何凭啥是千古名相?

话说,刘邦打下天下之前,萧何就有三大功绩:尽收秦律令文书、举荐韩信、镇抚关中,这一件件,都是成就刘邦大业的极大关键。等刘邦打下天下之后,萧何又确立汉朝的典章制度与气象规模,那一桩桩,也都决定了大汉四百年江山的长治与久安。这样的一代名相,忠勤恭谨,实在没啥可挑剔的。但有一桩,两千多年来却始终遭人非议;今人韩兆琦(《史记》研究专家,中国《史记》研究会名誉会长)甚至还说:这事萧何"扮演了极不光彩的角色"。这桩"极不光彩"的事儿,你道,又是什么?

杀韩信。

说起韩信,人们总道是"成也萧何,败也萧何"。

的确，没有萧何，肯定就没有叱咤风云的韩信。当年韩信投身汉营，郁郁不得其志，经几番踌躇，决定出亡，一走了之。在萧何眼里，韩信乃不世出的大才，他下的评语是："国士无双"！只要刘邦有志于天下，就非得要重用这无双"国士"不可。结果，韩信因不获刘邦青睐，在心灰意冷之余，就毫无预警地出走了；乍听消息，萧何如五雷轰顶，遂不顾一切，撇下身旁无数的军国要务，以丞相之尊，就为了一个亡将，竟然策马疾奔，苦苦追去。萧何如此十万火急、如此慎重其事，别说当年刘邦难以置信，就算今天我们仔细想来，其实，也还是匪夷所思。

正因如此难以置信的急切，也正因如此匪夷所思的慎重，刘邦终于接受了萧何的举荐，还应萧何之请，"择良日、斋戒、设坛场"，破天荒地举行盛大的典礼，硬是将韩信从无关紧要的治粟都尉瞬间拔擢为号令三军的大将。萧何这一举荐，太出格，也太非同小可了。从此，韩信战功赫赫，先定秦，后击魏，紧接着破赵、平燕、灭齐，最后在关键的垓下会战，更给了项羽致命一击。也从此，刘邦峰回路转，从原先的困居汉中，不多久，就轻易入主关中，四年后，统一天下。

天下一统之后，刘邦与韩信的关系当然会产生激烈的变化。毕竟，对任何开国君主而言，如何处理功高足以震主的大将，永远都是一道棘手的难题。况且，韩信还不仅仅只是"功高足以震主"而已。当初天下未定，他先是强求刘邦封他齐地"假王"，后又于固陵之役蓄意要挟，这两件，早已"震"得刘邦七荤八素，下决心非得要好好"处理"韩信不可。结果，只待项羽一灭，刘邦便将齐王韩信徙为楚王，再进一步贬为淮阴侯，且留置京城，就近看管。至此，等于老虎拔了牙，韩信其实已不足为患，刘邦也就不太多难为他了。

可惜，被贬为淮阴侯的韩信，一方面把自己昔日的功劳看得太重，另一方面又把当年对刘邦的"震动"看得太轻；他高估了自己的分量，却错看了当时的形势。结果，韩信始终心中不平，始终怨恨不已；他"日夜怨望，居常鞅鞅"。试想，一个"勇略震主"的功臣，日日愤懑；一位"功高盖世"的大将，天天不平。在顶头之人看来，这不是一枚威力难测的定时炸弹，是啥？

正因如此，即使刘邦愿意容得下这人，换成吕后，大概也容不下了。这时的吕后，一方面面临戚夫人与赵王如意步步进逼的"太子保卫战"，二方面又担心太子仁弱，将来即使接替大位也罩不住那群骄臣悍将。于是，正当刘邦出兵平定陈豨之际，且不论韩信是否当真与陈豨相约里应外合、意图谋反（《史记》是这么记载，但后世对于此事的真实性争议极大），吕后一则要立功,另则要展现实力,再则也为惠帝清除未爆(或者已爆)弹,遂决意翦除韩信。但这一桩,毕竟兹事体大,太复杂了,她思前想后,犹豫再三,心头实在没个准,最后,只好找最老成谋国的大臣共同商议大计。

吕后找了萧何。

当时的形势是:如果直接派兵,那就要大动干戈,整个长安城也就一片腥风血雨;况且,一旦真动干戈,凭韩信的军事天才,吕后实在也没十足的把握。最简单的方法,无非就是找个理由召韩信入宫,再仿效当年刘邦诓韩信朝觐而后直接让武士绑了起来,如此波澜不惊,大事也就底定了。然而,吕后料定韩信必然会称病拒绝入宫,于是只好请忠勤恭谨的相国萧何亲自出马,去韩信府邸,诓说,高祖已平定乱事,陈豨已死,按规矩,所有的列侯群臣都应入朝祝贺,韩信虽病,还是勉为其难地走这么一趟吧!韩信或许心中不无忐忑,也或许有所嘀咕,但相国既然都亲自来了,他也很难不走这么一趟。结果,一入宫,吕后遂"使武士缚信,斩之(于)长乐(宫)钟室"。

萧何当然知道,这事必会招来物议,将来肯定有没完没了的骂名,但他想也没多想,就与吕后共同策划了杀韩之计。一如当年为了大汉江山社稷,他不顾一切,拼了命,非得把韩信找回,也非得披肝沥胆举荐韩信,同样地，为了大汉的长治久安，再怎么不得已，再怎么受"清流"质疑，他仍然只能帮吕后把韩信杀了。当初他荐韩，是为了汉；而今他杀韩，也是为了汉。如此而已。

相同的道理，也好比他与曹参。当年高祖打天下时，萧何与曹参，一相一将，一文一武，不知因何缘故，两人有了芥蒂，一向谁也不服谁。等刘邦死后两年，萧何病重，汉惠帝亲临探视，问以"君即百岁后，谁可代君者？"萧相国老成持重，不掀底牌，只说了一句，"知臣莫若主"。惠帝被如此反问，一时语塞，沉吟了片晌，虽明知萧、曹素来不合，可在这节骨眼儿，仍只能不无忐忑地问道，"曹参何如？"岂料，萧何闻听此言，立即拖着沉重病体，勉强起身，顿首拜曰，"帝得之矣，臣死不恨矣！"

这就是萧何。私人恩怨是一回事，天下祸福是另回事。关于这点，萧何很清楚。别人怎么想，他不管；别人怎么讲，他不理；总之，他做他该做的。萧何甚至在刘邦临死前不久，曾经一度"莫名其妙"地入了狱，随即又"莫名其妙"地被释放了出来，可从头到尾，他没气愤、没怨恨、没不平，只是一径地静默淡泊。这样的静默淡泊，大概，就是所谓古大臣之风吧！

办事员

古来名相，人多道"管、萧"。相较起来，"管"好说；管仲一生，大开大阖、跌宕起伏，不仅故事精彩，争议也大，能谈论的，可多着呢！至于"萧"，却不好说，也似乎没啥可说。太史公道萧何早年，"录录（同碌碌）未有奇节"；担任汉相，也只是"谨守管钥"。如此之人，怎么看，都平淡乏味，无趣得很。然而，恰恰因他"录录未有奇节"，也恰恰因他"谨守管钥"，我倒觉得，在今日这时代里，却是该好好地说他一说。

为什么？

我读《史记·萧相国世家》，偶尔，无来由地会想起王宝钏。京戏演王宝钏，是出极好看的骨子老戏；这出戏从起始的《彩楼配》《三击掌》《平贵别窑》，几折下来，夫妻才刚新婚，便要分离，在难分难舍之际，即使性烈如宝钏，也必要泪如雨下的。而后，泪水未干，物换星移，倏地十八年，薛平贵便从西凉国回返长安，于是，有《武家坡》的夫妻重逢，又有《大登殿》的大团圆。这几折戏，折折好看。但说来可怪，一整出大戏，演着十八年前，又演着十八年后，独独王宝钏苦守寒窑的那十八年，却是一点儿戏也没有。

苦守寒窑十八年，那是王宝钏一生最具分量的所在。但是，这样的分量，很难有戏。世间最有分量的东西，常常是古人所说的"荡荡无以名之"，常常是最平常、最没戏剧性，也最没啥可说的。真要说，这十八年里，无非是王宝钏用尽了薛平贵所留下的区区"十担干柴，八斗老米"，然后在左邻右舍间，帮人缝缝补补，勉强糊口。除此之外，唯寻常度日，深居简出，不时，就只是盼着、望着、等着、候着，远眺天际，日已落，月又升，一天天日落月升，一年年寒来暑往，连镜子都少看的她，容颜已老，竟也都浑然不觉。

这就是王宝钏的分量。如此分量，说到底，也不过就是"志气清坚"四个字。志气清坚的她，寒窑十八年，除了日落月升、寒来暑往，简直没啥故事，其实也压根不必有啥故事。单单她这个人，单单她这份志气，她那没故事的故事，即使在舞台上无可表述，却依旧可以熠熠生辉，令人怀想不尽！

同样地，萧何之所以为千古名相，其分量，也单单就四个字：忠勤恭谨。忠勤恭谨的萧何，打从刘邦自汉中北伐、直取关中之时，就既不待汉中，也没去关中，而是在大后方"留收巴蜀，填抚谕告，使给军食"。之后，刘邦取得关中，开始与项羽争天下；又之后，刘邦取得天下，不时仍得出关平变，这么多年下来，不论刘邦打天下、平天下，萧何总在后方，总在关中，总埋着头默默做着"计户口、转漕给军"的日常事务。萧何做的，说穿了，不过就是一些最平常、最没戏剧性，也最没啥可说的事儿。可就这么一天天日落月升，一年年寒来暑往，从此之后，刘邦在前线要人，萧何给人；刘邦在前线要粮，萧何给粮。只要萧何在，后方就一片晏然；只要萧何在，刘邦就要啥有啥；只要萧何在，刘邦就完完全全没有后顾之忧。

正因如此，即使楚汉相争多年，刘邦每每"失军亡众"，兵败山倒，却总能败而不亡、倒而不垮；明明才输得一塌糊涂，不多久，随即又兵精粮足、阵仗堂堂。正因如此，楚汉久经对峙，最后主动求和，决定以鸿沟为界、中分天下的，却非刘邦，而是那百战百胜的项羽。个中原因，当然是项羽的后勤支持出了大问题；鏖战数年之后，项羽要人少人，要粮缺粮，早就无以为继了。项羽的窘境，说白了，就在于他的大后方，恰恰缺少了一个萧何这样的角色。

萧何这样的角色，虽说紧要，虽说关键，却一点儿都不显眼；稍不小心，就极容易轻忽他的分量。后人读史，谈起汉初的"建国三杰"，总欣羡张良的"运筹帷幄，决胜千里"，也津津乐道韩信的"连百万之军，战必胜，攻必克"，但对于萧何的"镇国家，抚百姓，给馈饷，不绝粮道"，却多半匆匆读过，压根就无甚感觉。世人为了张良与韩信，尽可以争辩不休；但对于萧何，却鲜能说啥道啥。事实上，萧何这种低调的角色，不只后人，早在刘邦当年，天下初定，才开始论功行封，就已备受轻忽了。

话说，刘邦虽看似无赖，却是个不世出的英主；他一双眼睛，可亮着呢！征战多年，他比谁都清楚萧何的分量。于是，面对满朝文武，他坚持"萧何功最盛"，必定要大大封赏，可才刚提议，话没说完、语未落定，便见底下一片哗然，众武将群起反弹，厉声言道：萧某从不"披坚执锐"，也毫无汗马功劳，他"徒持文墨议论，不战"，却"反居臣等（之）上"，凭啥？！

在一片争议声中，只见当事者萧老相国静默如常、寂然似水，简直不知他心中有啥波澜。后来，刘邦力排众议，大封萧相国，甚至还让他位次第一，又赐以"剑履上殿，入朝不趋"的极度优礼，即便如此，萧老相国似乎也无甚欣喜，只是一径地淡然，蒙着头，忙进忙出，勤勤恳恳，继续做那些最平常、最没戏剧性，也最没啥可说的事儿。

一向吃得了苦、耐得了烦，几乎是任劳任怨的萧何，到了高祖临终的前一年，却忽然被刘邦给"械系之"。刘邦关他的真正原因，我们不得而知。若真要揣测，或许，是因为有所疑忌；也或许，是因为存心折抑；更或许，是因为要让惠帝顺利接班而不得不进行的一项政治操作。但不管如何，即使忽地被"械系之"，旋即又释放出来，萧何自始至终，依旧是恭恭谨谨，坚守本分，恪遵为臣之道，完全是数十年如一日的忠厚本色。

当年齐景公问政，孔子答以"君君、臣臣、父父、子子"，说白了，也不过是各安其位、各正性命罢了！君有君道，臣有臣道；萧何的忠勤恭谨，其实是把为臣之道给做到了最极致，也把臣子之位守到了最彻底；君如天，臣如地，作为朝中最重要的大臣，一如大地般承载所有的艰辛与劳苦，萧何低调，萧何踏实，萧何默默地做好所有分内该做的事儿。一如《易经·坤卦》的"厚德载物"，萧何因为忠厚，承载得了一切，遂成就了刘邦这种旷世难有的创业英主，更成就了两汉四百年亮煌煌的大好江山。

萧何这种踏实而低调的行事作风，总让我想起北京友人黄明雨的一个词儿："办事员"。黄明雨是北京一家出版公司的老总，多年前，开办了一所华德福学校，今年年初，又创立了辛庄师范，以此基础，明年打算再成立一所真正中国式的书院。这些年来，为了辛庄师范与来日的书院，也为了中国教育的出路，更为了中国文化的重建，明雨仆仆风尘，于两岸各地，四处参访有道之人，发掘了不少被轻忽、被遮蔽的文化守成者。而后，他又搭建了平台，设法让这些守成者发声，让这些守成者在文化重建的时刻扮演更该有的角色。至于他自己，则是一径地低调；每回请来老师，不时可见他坐在台下，就和同学杂坐一块儿地专注听课。每回来到台湾，除了拜访请益，也多半就是听课。单单年初以来，为了此事，他就已来台三趟。这回暑日，他二度东来池上；在大坡池边，和我谈起近些年的所作所为，做了一个概括，言道，"我就是个办事员！"

好一个"办事员"！除了踏实、低调、不标榜之外，明雨更是个极有眼力的"办事员"。他本行出版，每见有分量的书籍，一霎时，眼睛就亮了起来；他有志于文化，每看到奇人异士，尤其有正知见的善知识，更瞬间就炯然有神，那眼睛，可利着呢！同样地，作为史上最了不起的"办事员",萧何当年与沛公初入咸阳,所有的将领都"争走金帛财物之府",人人皆欲分而有之,即使刘邦,也望着壮丽的宫阙而目眩神驰,满脑子只想"止宫休舍",好好享受一番,这时,独独萧何啥也不管、啥也不理,完全不把这些迷惑人的东西放在眼里,只是一心一意、二话不说,径往丞相御史的衙署疾奔而去,遂将秦朝官府的律令图书尽收而藏之。他很清楚,不管来日争天下,抑或治天下,这些律令图书,都会派得上大用场。

萧何凡事看得远。因此,几次刘邦溃败,无暇下诏,萧何也压根没收到命令,却早已将数万援兵送上前去。也因此,楚汉相争犹酣,正难分难解之际,萧何却在关中"为法令约束","立宗庙社稷";这看来是不急之务,却一件件、一桩桩,都是百年大计、千秋大业。更因此,平日自奉俭朴,"置田宅,必居穷处;为家不治垣屋(高墙大院)"的萧老相国,营造未央宫时,却盖得富丽堂皇、气派非凡,这一则是因"天子以四海为家,非壮丽无以重威",二则也因萧何想得极远:这种根基之事,不做则已,一旦做了,就得一步到位,岂能让来者又东挑西嫌、缺这少那,再令"后世有以加也"?!

这种目光远大的"办事员",在过去一段很长的时间里,其实,台湾处处都有。他们可能是政府部会的决策官员,也可能是城乡各地的公教人员,更可能是台湾民间各行各业的基层百姓,除此之外,还有千门万户尽心尽力让家人无后顾之忧、让家人安稳信实的家庭主妇。他们的角色多有不同,但是,他们都同样踏实,同样低调,同样默默地做好所有的本分之事。他们一向不贪掌声、不慕虚名,也不求近利、不图速效,他们习惯看事看得再远一些。他们的身上,都有一种萧何式的"暧暧内含光"。认真说来,台湾的某些世代,尤其我这一辈人,其实都深深受惠于那许许多多"暧暧内含光"的"办事员"。认真说来,台湾这些年来媒体不断瞎扯淡的所谓"台湾之光",压根都没有这些"办事员"来得光华内蕴。可惜,台湾这二十年来,缘于"民主"化的政治氛围,也缘于个人主义的自我意识,更缘于资本主义的夸大浮华,那些"暧暧内含光"的"办事员"慢慢变少了,也慢慢不受尊重了,甚至,还慢慢被污名化了。

  《史记·萧相国世家》的文末,太史公记载,萧相国受封"酂侯"之后,后代子孙,曾四度因罪失侯,但每次失侯,"天子辄复求何后,封续'酂侯'"。而在《史记》已然成书、太史公也去世之后,萧何的后代依旧续封"酂侯",世世代代,始终不断,竟一直延续到东汉末年。我想，从刘邦以降，历来的汉家天子如此厚待萧何这样的"办事员"，无怪乎，汉朝能够国祚绵长、气脉深远。我又想，一个社会如何对待那许许多多忠厚踏实的"办事员"，是不是也会决定其将来的形势与气运呢？

守成者

有个人，贵为宰相，整天不干事，净是一杯杯的醇酒喝呀喝。喝久了，部属看不下去，劝他，他却装聋作哑；儿子谏他，他不听还罢，反倒毒打了儿子一顿。这样的人，要在今日，不过三天，准会被台湾地区立法机构炮声隆隆地轰到血肉模糊，更会被媒体二十四小时毫不间断地修理到爆。可怪的是，这位怎么看都"不适任"、怎么炮轰也似乎都不为过的宰相，在历史上，不仅地位崇隆，甚至，还可算是：千古名相。

这千古名相，名唤曹参。

曹参之所以名传千古，盖其影响，本不局限于汉初，也不只是两汉四百年，影响所及，早已绵亘了后代的整个中国历史。曹参为汉相，仅仅三年；时间极短，影响极深。他为后来的为政者确立了一种迥异凡俗、

"似非而是"的政治高度,更为后人示现了一种清旷弘远、"似妄还真"的生命态度。这样的高度与态度,在眼下看来,才更该是弥足珍贵。

眼下,是个什么样的时代?眼下,是许多人不知竟日为何而忙可终究只能愈来愈忙,也是整天被催逼着疾奔狂驶却怎么样都踩不了刹车的时代。在这时代里,人人高喊"变革",整天齐呼"创新",求新求变的结果,譬如手机的更换愈来愈频密,看似目不暇给,可到头来,人们的生活却只能是愈变愈无趣。即使有人蓦地警醒,想要挣脱,但才一挣脱,却多半已有心无力、终究不能呀!又譬如教育的变革,打从"教改"大纛高举以来,倏忽二十年矣,不论是教育官员,抑或是学者专家,一个个满怀理想,一个个孜孜不倦。可怪的是,教改的步伐的确愈来愈快,但结果也一直愈来愈坏。更怪的是,明明愈改愈坏,却没人能止,也没人能喊停。没人喊停的结果,但见上头的主事者,一个个忙迫焦躁得像只无头苍蝇;下面的执行者,则仓皇无助得一如滚圈里一只只的白老鼠。要停,停不了;要止,止不住。于是,所谓"变革",所谓"创新",遂成了这时代集体癫痫般最彻底的无明。

至于曹参,完全相反。

那一年,萧何病笃,登基未久的惠帝亲赴相府,

"自临视相国病",因问道,"君即百岁后,谁可代君者?"于是,萧何举荐了曹参。不多久,萧何薨,曹参代之。"参代何为汉相国,举事无所变更,一遵萧何约束";换句话说,曹参接任汉相国,从头到尾,没制定一条新法律,也没公布一项新规定,完完全全,就只照着萧相国早先的规矩,整整三年,无改、无变、无兴、无革。他既不"创新",也不"变革",因此,整天无所事事,"日夜饮醇酒"。这下子,众人当然要奇之、怪之、诧之、异之,"卿大夫已下吏及宾客见参不事事,来者皆欲有言",结果,这些"善意劝谏"的来人,才开口欲言,"参辄饮以醇酒",隔了片晌,得了空,想再劝说,曹参不待张口,便"复饮之",直至这班人一个个"醉而后去","终莫得开说"。

　　这些部属不明就里,搞不清楚状况,还算好办。反正,嬉笑怒骂,装愚弄傻,糊弄一下,也就行了。(幸好,当时的他,不需要面对台湾地区立法机构这种凡事标榜制衡实则事事掣肘的所谓"民意机构"。)但是,皇上呢?不久,汉惠帝当然也听闻了曹相国的"奇行异径",他岂止是纳闷,简直,就要心生不满!可是,不管再怎么纳闷,又再怎么不满,面对这老功臣、新相国,毕竟,仍得多有顾忌呀!因此,惠帝不好明说,只好私底下差遣曹参之子曹窋回家探问(还特别交代,千万别说是皇上所指使）。结果，曹窋一回家，才开口劝谏，立马就被他那慓悍勇猛、战功彪炳的老爸狠狠抽了一顿竹板，斥曰，"天下事，非若（你）所当言也！"

是的，天下事本非曹窋所当言！可曹参这么一答打、一呵斥，肯定，惠帝就要按捺不住了。曹参明白，曹窋当然是衔命而来；幕后的惠帝，终究也要"兴师问罪"的。位高权重如相国，倘真要有一番作为、大破大立，当然就得排除重重的阻力与一道道的难题。但是，假使在通盘考虑之下，真的彻彻底底地毫不更张、毫不作为，随之而来的压力与訾议，恐怕只会是远远过之、远远甚之。他很清楚，有所作为，不易；有所不为，难；真的要彻彻底底地"守成"与彻彻底底地"有所不为"，更是难上加难。换言之，曹参这么地彻底、这么地决绝、这么地"举事无所变更"，需要的，就必须是过人之刚毅与惊人之意志力，另外，还更要有种异于常人的冷静与清楚。确切地说，正因为曹参掌握了全局与一切了然于胸，他的刚毅与意志力才成就得了大事；否则，再多的刚毅与意志力，也不过就是个偏执狂罢了！

或许，是得力于早些年的征战沙场，一向以来，曹参从不缺刚毅，也没少意志力；可那更关键的掌握全局与了然于胸，却得要感激胶西的盖公。当年，曹参以其赫赫战功,出将入相,开始担任齐国丞相;甫上任,闻听胶西有位盖公,乃有道之人,遂遣使厚礼迎聘,还将堂堂的相府正堂腾出来供养盖公。盖公"善治黄老",为曹参言治论道,"贵清静,而民自定";如此"清静无为"之法,无非就是"损之又损,以至无为"。换言之,当为政者能损之又损、减之又减乃至于减到无有作意、无有妄念、无有颠倒梦想之时,他就可以洞若观火、目光如炬,届时怎么做,怎么对;甚至,连不做也都对。正因如此,当年老子还有一句更厉害的话儿,曰,"无为而无不为"。盖公在相府所授,横说竖说,无非此言。

就这样,受教于盖公、冷静通透的曹参,一上朝,当然知道惠帝要责怪他了。但见曹参从从容容、安安静静地摘下顶冠,"免冠"谢罪曰,"陛下自察圣武孰与高帝?"(陛下您和先帝高祖相比,谁人既圣又武呀?)惠帝忙不迭地答说,"朕乃安敢望先帝乎?"曹参接着又问,"陛下观臣能,孰与萧何贤?"惠帝略略沉吟,言道,"君似不及也",曹参于是便说,是呀!陛下说的对极了!既然如此,"高帝与萧何定天下,法令既明,今陛下垂拱,参等守职,遵而勿失,不亦可乎?"

难道不是吗?高祖与萧何好不容易平定了天下,法令也弄得明明白白、清清楚楚,我们只要照着做、认真做,不就得了?为什么又要改,又要变,又要妄肆更张了呢?一席话说罢,惠帝无言以对,也只好颔首频频了。从此,曹参从天下郡国征召了一群木讷的"厚重长者"进相国府,他们不务声名、不争绩效,他们不求新、不求变,只照着萧相国所立下的老规矩,老老实实,"守而勿失"。在这群从不作秀,也没半点花招的厚重长者执行之下,短短三年,便成就了汉初"天下晏然,刑罚罕用"的天清地宁般的新朝气象,更养足了日后四百年宽厚绵长的两汉气脉,于是,曹参遂成了历史上最风姿卓异的"守成者"。

我们这时代,需要这样的"守成者"。守的,是原来的好;守的,是原来的种种良善。譬如,台湾地区在二十几年前但凡肯努力就人人有机会的教育平等与社会公义;譬如,台湾地区在二十几年前但凡有志气就肯四处开拓的鲜活与朝气;又譬如,台湾地区在二十几年前尚未切断中华文化血脉之时整体社会一直都有的质朴淳厚与泱泱浩浩。这些,我们原来都有,可惜,我们慢慢遗弃了;这些,我们原来都该守,问题是,我们却一直都没守。事实上,任何的时代,总会有变有不变,有兴革有保守。如果当变不变、墨守成规,自然就要坏事;可若是恣意兴革,一味地弃旧趋新,就只会带来更大的灾难。多年以来,台湾地区的"守成者"日益凋零,"保守"一词也成了几乎是彻底负面的字眼;取而代之的,求新求变遂成了台湾地区最大的迷幻药。迷幻所及,搅得大家忙迫焦虑、浮躁难安;迷幻所及,逼得大家进退失据、坐困愁城。就在这当下,我们重读曹参,不禁要慨叹万千:原来,曹参的毫不作为,竟是最了不起的大作为;原来,今天我们动辄批评的"保守",竟然需要无比深沉的气魄与眼光;又原来,真正让历史可以霍地光朗明亮的,从来就不是今人所说的菁英决策或者是什么民意依归,说到底,也不过是要有番掌握全局与了然于胸的大智慧罢了!

让《史记》汇入生命之河

二〇一四年十一月,甲午年初冬,那两天,我接连着在清华大学与北京大学讲座,谈《史记》。北大那场,谈的是《史记》人物的"生命气象";才开场,便入佳境,算得上满堂欢洽、举座欣喜,挺好。至于清华,却不相同;开场白才刚说了几句,底下,陆陆续续,就一个个掉头退席了。

认真说来,这是我咎由自取。早先我提供清华的题目,主办单位有些意见,于是,我撒手不管,随他们。结果,进了场,一看题目——《史记人物分析》,我当下头大,忍不住就和主办单位"唱了反调"。我说,这题目其实我不喜欢,因为,这恰恰跟我做学问的方向背道而驰。我一向不喜欢分析。世间的学问,有两种可以分析:第一,西方学问可以分析;第二,现代的实用学问也可以分析。然而,中国传统的学问,却不适合。清华大学一向擅于分析,可能比谁都会分析;我不必锦上添花,或者,也不必助纣为虐。清华最缺乏的,是一种迥异于分析而能将经典与自身生命相联结的视角。这样的视角,不只清华欠缺,其实是两岸所有的大学都付之阙如。

我这么一说,有几位看似好学深思的中年男子便先后起身,掉头走人,陆陆续续,大概六七个吧!后来,也有人相继进场;直到终场,人数都不多,七八十人吧!大家倒是听得颇入神,反应挺好,因此,我这儿不妨也来说说。

西方自两河流域开始,就是个契约社会,他们习惯把人与人之间,分得越清楚越好。西方的学问,建立在二元对立的基础上,主观与客观,也永远存在着天堑。因此,他们强调抽离自身,去进行所谓的客观思辨与分析。可是,中国文明肇始,便走上一条完全相反的路。中国文明想尽办法要与别人、与历史、与天地产生联系,甚至,成为一体。当你中有我、我中有你,每个人都活在人情温厚里、活在历史长河中,也活在天地万物的紧密关系时,许许多多现代人常有的焦虑与困惑就会因此消融掉。正因如此,中国学问一向不关切概念的分析与厘清,而是借由感受与领略,把事物纳入我们的生命，化成自身的一部分。于是，古人说，胸中有丘壑；于是，古人做学问的最大成就，名曰：海纳百川、气象万千。

在这样的态度下，读《史记》人物的关键，既不是冷眼旁观，也不是居高临下，而是宛如看着身旁亲近之人，甚至像是看着自己一样，同其呼吸，如实感受。这时，《史记》人物有了温度，就能与你的生命相联结；这时，《史记》就变成一本生命之书。

譬如，我们读张良。司马迁写张良，先交代"五世相韩"的显赫家世，再谈秦灭韩后，一心复仇，即使弟弟死了，也不办丧礼，只为了将所有积蓄拿来刺杀秦始皇。结果，博浪沙暗杀失败，张良逃到下邳，成了一个亡命之徒。太史公写这段，是为了交代张良原来的血气偾张，性格颇似荆轲，甚至，还有那么一点匹夫之勇。这与后来气定神闲、极度淡泊的张良先生，显然相距甚远。这转变的关键，是黄石公。

黄石公与张良相遇，看似巧合，实则不然。说白了，黄石公显然已打量张良许久，觉得这青年可寄予厚望，才决定对他进行一次彻底的"教育"。于是，黄石公蓄意将鞋子往下一掉，再用轻蔑的口吻对张良说，"孺子，下取履！"（娃娃，帮我捡鞋！）接着，《史记》写了很重要的三个字，这三个字，大家匆匆读过，恐怕多不留意。这时,大家不妨稍稍停驻,感同身受,换成你是张良,脾气那么坏,性情那么冲动,面对黄石公这"莫名其妙"的举动,会是怎么反应?也许,你会对黄石公说,"哼!你有毛病呀,谁理你这死老头?"那么,显然你的脾气还比张良好,换言之,你的血气没那么偾张,也干不了暗杀这桩事。事实上,张良没那么斯文,当时的反应,据《史记》所载,他话都没说,直接就"欲殴之"。"欲殴之"这三个字,是《史记·留侯世家》的关键词。

后来我常笑着说,别以为当一个好老师有那么容易,有时,是得担风险的。假如张良一拳下去,黄石公的鼻子肯定歪了;这下子,黄石公恐怕只能摸摸鼻子,自认倒霉;毕竟,神仙打鼓有时错,这回算他误判了。所幸,就在此时,不知怎地,张良忽忽忍住怒气,气一沉,自忖,算了,这家伙这么老,就帮他捡了吧!于是,"强忍,下取履",没想到,黄石公"得寸进尺",又把脚一伸,说,"履我!"(帮我穿上!)这时,张良大概有点犯傻,刚刚气一沉,来不及又发作,自忖,算了,既然帮了,就帮到底吧。

这时,张良正长跪着穿鞋,黄石公突然颔首一笑。这一笑,若用传统小说的说法,简直就是"泄露天机"。这一笑,太诡异、太丰富了,张良何等聪明,微微一怔，先是震慑住，后就瞬间惊醒了。

黄石公看张良已进入状态，便径自往前走了一里多路。至于张良，则是望着黄石公离去的身影，恍惚懵懂，似醒犹梦。这时，黄石公当然是欲留还行，先走一段，再来个回马枪，显然，黄石公得让张良恍惚懵懂，琢磨片晌，让心里的悬念达到某个临界点。昔日孔子说，"不愤不启，不悱不发"，要的，就是这么一个有了悬念的临界点。

黄石公回马枪后，对张良说，"孺子可教矣，后五日平明，与我会此"，于是，后头就有那五天再五天又五天的故事。张良自从被黄石公微笑震醒后，开始恍惚懵懂，也开始心里明白，便与早先激切汹涌、"欲殴之"的张良，判若两人。后来，他几乎是任由摆布，无论黄石公怎么"整"他，都心甘情愿，变得啥脾气都没有。

最后，我们不妨再稍稍体会，黄石公为什么需要一次次地让张良五天后再来？头一个五天，既然张良平明（天刚亮）准时到来，这时直接把《太公兵法》给他，不就得了？为何还要如此一而再、再而三地"蓄意刁难"呢？说白了，这就是"磨"。生命的某些状态，真要翻转，确实得要时间，得有过程，才能由量变产生质变，进而产生翻转生命的能量。毕竟，道理好懂，习气难平。如果第一次就给他，显然因缘未足，能量不够，还是得根据状态，再磨个几回，就像砂纸慢慢地磨那些许许多多不必要的疙瘩。就这样，前前后后，费了十五天，磨平了。

张良如此聪明之人，经过黄石公一次次地铺垫，前后十五天，总算磨掉了原有的浮躁与激切，那么，换成我们，磨得掉那么深的习气吗？如果能，又得多久？短短十五天，行吗？如果眼下有黄石公这样的高人，看似啥都没讲，却若有似无地点着了要害，我们有能力感受得到吗？我们有能耐领会吗？我们会虚心受教吗？当我们如此设想、如此追问，进而反观自身、照见自己时，张良就不只是张良，张良便与我们可以是一体。于是，《史记》的人物，不再是一个个客观分析的对象，而是与我们生命息息相关的活生生之人。于是，《史记》便可以是一本照见自身的生命之书，更可以宛如源头活水一般，汩汩不绝地汇入我们的生命之河。

其人如天
QI REN RU TIAN

图书在版编目（CIP）数据

其人如天 / 薛仁明著. -- 桂林：广西师范大学出版社，2025. 4（2025. 7 重印）. --（薛仁明作品系列）. ISBN 978-7-5598-7900-4

Ⅰ．K204.2

中国国家版本馆 CIP 数据核字第 20251PR570 号

广西师范大学出版社出版发行

　广西桂林市五里店路 9 号　　邮政编码：541004

　　网址：http://www.bbtpress.com

出版人：黄轩庄

全国新华书店经销

广西广大印务有限责任公司印刷

桂林市临桂区秧塘工业园西城大道北侧广西师范大学出版社集团有限公司创意产业园内　邮政编码：541199

开本：880 mm × 1 230 mm　　1/32

印张：7　　　　字数：110 千

2025 年 4 月第 1 版　　2025 年 7 月第 2 次印刷

印数：5 001~8 000 册　　定价：48.00 元

如发现印装质量问题，影响阅读，请与出版社发行部门联系调换。